“SYLW”

MEIC POVEY

Cynllun y clawr - Ian Lewis

Lluniau - o'r cynhyrchiad cyntaf

Ffotograffydd - Ian Homer

Golygydd – Elin Meek

Paratoi deunydd ar gyfer y wasg – Catrin Llwyd

Argraffwyd gan Y Lolfa

ISBN: 0 86243 645 1

Cyhoeddir gan **Coleg Brenhinol Cerdd a Drama Cymru**,
Maes y Castell, Parc Cathays, Caerdydd CF10 3ER

Nid Y Lolfa

Comisiynwyd y ddrama hon gan **Goleg Brenhinol Cerdd a Drama Cymru** a **Sgript Cymru**

Coleg Brenhinol Cerdd a Drama Cymru,
Maes y Castell, Parc Cathays, Caerdydd CF10 3ER

Sgript Cymru,
Chapter, Heol y Farchnad, Treganna, Caerdydd. CF5 1QE

Llwyfannwyd "**Sylw**" am y tro cyntaf yn Theatr Bute, Coleg Brenhinol Cerdd a Drama Cymru ar 5 Chwefror 2002.

Lewis	Gareth John Bale
Ruth	Heledd Baskerville
Tammy	Gemma Rhys Jones
Sci	Gareth Pierce
Baz	Huw Rhys
Proff	Dylan Williams

Cyfarwyddwr	Eryl Huw Phillips
Cynllunydd	Hannah Blake
Cynllunydd Goleuo	Andy Hopkins
Cynllunydd Sain	Daniel Bailey
Rheolwr Llwyfan	Stephen Hawkins
Dirprwy Reolwr Llwyfan	Ryan Evans
Rheolwr Llwyfan Cynorthwyol Technegol	Laura Towers
Technegydd Sain Gweledol	Matthew Wild
Cynorthwy-ydd Gwisgoedd	Iona Bollington
Cynorthwy-ydd Set	Michelle Webber
Arolygwyr Cynhyrchiad	Elanor Higgins a Daz James
Arolygwr Cynllunio	Bettina Reeves
Arolygwr Gwisgoedd	Beth Maldive Davies

CYMERIADAU:

RUTH

BAZ

LEWIS

SEI

PROFF

TAMMY

AMSER: Heddiw.

"SYLW"

GOFOD, GYDA CHEFNDIR TYWYLL, A BYLCHAU I DDOD I MEWN AC ALLAN YN WEDDOL DDIFFWDAN A DISYLW. PAN DDAW'R GOLAU I FYNY, GWELWN BUM CYMERIAD: **RUTH**; **BAZ**; **LEWIS**; **SEI**; **PROFF** A **TAMMY**. MAENT OLL YN EU HUGEINIAU; MAENT OLL YN Y BROSES O WISGO A PHINCIO AR GYFER PRIODAS – YR HOGIA' MEWN DICI BO'S A D.J.'S, Y GENOD MEWN FFROGIA' DU, MINIMAL, A HETIAU LLIWGAR, PRIODASOL. NES NODIR YN WAHANOL, CERDDORIAETH (GYFOES) YN CHWARAE'N UCHEL NEU'N ISEL FEL BO'R GALW.

BAZ: (STOPIO'N STOND) John a Jane. Fucking hell! Who'd 'ave thought it, fis yn ôl?

PROFF: Shotgun wedding!

TAMMY *YN CHWERTHIN YN DDYLETSWYDDOL.*

RUTH: 'Ti'n gwbod beth yw ystyr 'shotgun wedding', Proff?

BAZ *A* ***SEI*** *YN CHWERTHIN.*

RUTH: Wyt ti?

PROFF: (SIMSANU) Y...ydw. Wrth gwrs 'mod i!

RUTH: Gwed.

BAZ: Wrtho i wedon nhw ginta! Bythdy'r briodas. John, fe wedodd. Odd Jane 'na 'fyd. Ond John wedodd.

PROFF: 'Ton i ddim o ddifri! Deud rwbath. Siarad er mwyn siarad!

RUTH: Ofn y distawrwydd, Proff?

PROFF: Hyd yn oed tasa fo'n wir…! Be 'di'r ots? Dim yn anarferol ynddo fo heddiw! Be 'di'r ots?

BAZ: Minor fucking miracle tase fe'n digwydd i ti, o beth wy'n glywed!

__SEI__ YN PIFFIAN CHWERTHIN.

PROFF: Am John a Jane oeddwn i'n sôn, nid am fi fy hun.

YSBAID.

LEWIS: Pryd wedodd e?

HYN WRTH __BAZ__. HWNNW YN CODI AEL CHWILFRYDIG.

BAZ: Give us a clue, cariad.

LEWIS: (BYGYTHIOL) Beth galwest ti fi…!

BAZ: Pryd wedodd pwy, beth!

LEWIS: John! Bythdy'r briodas!

BAZ: 'Ti ddim yn credu fi, nagit ti? 'Ti ddim yn credu mai wrtho i wedon nhw ginta. Git!
(YNA YN GYFFREDINOL) John, fe wedodd. O'dd Jane 'na 'fyd. Ond John wedodd.

SEI: Pryd, Baz?

BAZ: **'Ti'n** ame fi 'fyd?

SEI: Nag'dw! Paid â bod yn wirion!

LEWIS: Pryd?

BAZ: Fis yn ôl – obviously! My fucking brain hurts, or what!

LEWIS: O'dd pawb yn gwbod fis yn ôl. Mi wedon nhw wrth bawb. O'n i'n gwbod wthnos cyn 'nny.

BAZ: O'n **i'n** eistedd ar y fucking gwely am dri o'r gloch y bore, pal! O'n i'n eistedd ar y gwely, ac fe wedon nhw.

RUTH: Eistedd ar y gwely am dri o'r gloch y bore. Tell me more.

BAZ: Wouldn't you like to know!

TAMMY: Beth....? Gwbod beth?

BAZ: Pan 'ti'n henach, Tammy.

TAMMY: Cer i grafu, Baz.

***BAZ** A **SEI** YN CHWERTHIN. **PROFF** YN RHOI BRAICH GYSURLAWN AM **TAMMY**.*

PROFF: Paid â chymryd sylw ohono fo.

BAZ: (HERIOL) Beth 'ti'n feddwl – "o'n i'n gwbod wthnos cyn 'nny"? Cut the bullshit. Fi o'dd y cinta!

LEWIS: Ofynnodd e i fi os galle fe fincid y car.

BAZ: I'r briodas?

LEWIS: Na, Baz – i'r angladd.

BAZ: Eironi? Not shaped like a rygby ball? Fucking hell, bois!

SEI *YN CHWERTHIN.*

LEWIS: Cia dy goc, Sei!

BAZ/SEI: W! Get her!

LEWIS: Fuck off! Fuck reit off y ddou o chi!

YSBAID.

TAMMY: Yn car Lewis ethon nhw. Ma' hwnna'n ffaith. Felly, rhaid bo nhw wedi gofyn am 'i fincid e r'ywdro.

BAZ: Fucking death trap, taset ti'n gofyn i fi.

LEWIS: 'Nath neb.

SEI: 'Ti wedi lanhau o, Lewis?

BAZ: O's petrol yn y rhacsyn..?

SEI: Ydi'r gola'n gweithio fel dyla fo?

BAZ: 'Ti wedi cael gwared y rubbers, Lewis…?

RUTH: Nag yw bois yr Aman yn iwso rubbers 'chan. Streit miwn! (MAE'N GWNEUD YSTUM PRIODOL) Streit mas, tair eiliad yn ddiweddarach! (YSTUM ARALL). **Ife, Lewis?**

LEWIS: 'Moyn demo?

BAZ/SEI: (GOR-ACEN YCYMOEDD) Feelin' better now, love!

LEWIS: Cut the crap. Nagych chi'n sylweddoli bod e'n sanctaidd?

TAMMY: Cariad corfforol? Odi, ma fe.

BAZ: Hei, Tammy - beth 'yt ti: official fucking spokesman, all of a sudden?

TAMMY: Fi'n gobitho nagit ti'n mynd i regi fel'na yn y capel!

SEI: Ma' Lewis yn rhegi!

BAZ: I rest my case!

RUTH: Ma' da fe reswm, yn aml iawn. Do's e, Lewis?

BAZ: (DIFRIFOLI) Ypseto di, odi fe?

TAMMY: Odi!

BAZ: Jyst achos bod ni'n mynd i gapel?

TAMMY: 'Sdim c'wilydd 'da fi o'n grefydd, Baz! Falle byddi di'n gweld 'i isie fe dy hunan ryw ddiwrnod!

BAZ: Tits for Jesus? No chance!

TAMMY: Beth wedest ti…?

***RUTH** YN BYRSTIO ALLAN I CHWERTHIN.*

BAZ: Wel, 'na beth yw e yn dy achos di, nage fe? Substitute, 'ti'n gwbod.

SEI: Subs **– tit –** ute!

***SEI** A **BAZ** YN CRECHWENU.*

TAMMY: Basdyds!

BAZ: Gobitho nagit ti'n mynd i regi fel'na yn y capel!

PROFF: (DYNER) Tynnu dy goes di mae o.

BAZ: Ie, sori Tam. Sori, o-cei?

BAZ *YN CYNNIG EI LAW.* ***TAMMY*** *YN YMLACIO, AC YN ESTYN AM EI LAW I'W HYSGWYD.* ***BAZ*** *YN MYND HEIBIO EI LLAW A GWASGU UN O'i BRONNAU.*

BAZ: Ba-bab!

TAMMY: Basdyd!

BAZ: For Jesus, mind!

BAZ *A* ***SEI*** *YN PISO CHWERTHIN.*

RUTH: Ryw ddiwrnod, mi fyddi wedi gwneud hwnna i'r ferch anghywir.

BAZ: Here's hoping ma' nid ti fydd hi. Shaking in my shoes yn barod!

ERBYN HYN, ***TAMMY*** *YN LLED-WENU.*

BAZ: Ti'n gweld! Ma hi'n joio ar y q.t. Leco dam bach o sylw, nagit ti, Tam?

PROFF: 'S gyni fawr o ddewis yn y tŷ yma.

BAZ: Beth wedodd e? Nag wy'n deall 'gogspeak'!

PROFF: Mynd efo'r llif, neu foddi.

BAZ: Sei?

SEI: Mae o'n chwilio am rwla arall i fyw.

RUTH: Wyt ti o ddifri?

PROFF: Nag'dw!

SEI: Mae o wedi cael llond bol. Mae o isio byw mewn ogof ar ei ben ei hun!

PROFF: Rho gyfla i dy din am unwaith, Sei!

TAMMY: Ie, pwy sy'n 'whilo am sylw nawr!

LEWIS: (YN BUR EMOSIYNOL A THAER) John a Jane sy'n haeddu'r sylw heddi! 'Dwarnod nhw yw e! Odi pawb wedi llwyr anghofio, ne' beth?

PAWB *YN DISTEWI; LLONYDDU.*

LEWIS: Dwarnod hapusa'u bywyd nhw. Chewn nhw byth ddwarnod tebyg.

PROFF: (AR OCHENAID) Mi fydd yn chwith hebddyn nhw yn y tŷ 'ma..!

PAWB: (PIC A MICS) Ai!/Aaa!/John a Jane!/Bless!/Love 'em!

RUTH: 'Chi'n cofio pan gyrhaeddon nhw, gynta' 'rioed?

TAMMY: Fi agorodd y drws!

SEI: Fi gariodd y cesys i'r tŷ!

PROFF: Fi nath banad o de iddyn nhw!

BAZ: Fi rowlodd y spliff!

LEWIS: Fi a'th â nhw lan stâr.

PAWB: (HOFFUS) Ai!/Aaa!/John a Jane!/Bless!/Love 'em!

TAMMY: 'Chi'n gwbod beth ofynnon nhw i fi? John a Jane. Na, Jane. Wel, o'dd John 'na, ond Jane ofynnodd.

RUTH: Beth? Pryd? 'Wy ddim yn dy gredu di'n barod, Tammy!

PROFF: O leia' gad iddi ddeud 'i deud!

RUTH: Beth wedodd hi; a phryd?

TAMMY: Sai'n cofio pryd.

SEI: Cyfleus!

BAZ: Convenient!

TAMMY: Falle'r nosweth ginta o'n nhw 'ma. Sai'n cofio.

SEI: Sud hynny? Mi oddan ni gyd efo nhw'r noson honno!

TAMMY: Pan a'th Jane i'r bath, o'dd pawb 'da'i bryd 'nny, Sei? Clever clogs!

SEI: Be' – mi oddat ti yn y bathrwm efo Jane – **a** John?

TAMMY: Jane!

SEI: 'Ti newydd ddeud fod John yno hefyd! Pan ofynnodd Jane..... beth bynnag ofynnodd hi!

TAMMY: Ffafr! Big ffafr!

***SEI** YN SGRECHIAN AR DOP EI LAIS.*

SEI: Waaaaaaaaaaaaaaaaaaaaaaaa!!!!!! Ateba'r cwestiwn! O'dd John yno, 'ta o'dd o ddim!?

TAMMY: Nag o'dd! Cymysgu lan wnes i!

YSBAID.

BAZ: So: o't ti a Jane yn y bathrwm 'da'ch gilydd. O'dd hi'n starkers? O'dd y drws ar glo?

SEI: We-hei!

BAZ: O'dd y **ddwy** o chi'n starkers falle! O God, plîs gwedwch bo chi!

***BAZ** YN CYRCYDU AR EI BENGLINIAU, A RHOI EI DDWY LAW WRTH EI GILYDD FEL PE BAI'N GWEDDÏO.*

BAZ: Plîs! Plîs Tam, wnai byth regi 'to os 'wedi di bo chi!

***SEI** (WRTH GWRS) YN DILYN SIAMPL **BAZ** (PENLINIO, ETC.)*

SEI: Wna i byth fod yn gas efo chdi eto os ddeudi di fod o'n wir!

BAZ: Pwy a'th lawr ar bwy? Jane, ife? O, yes! Tell me that it's true!

***BAZ** A **SEI** YN GWNEUD SYNAU/YSTUMIAU ANWEDDUS GYDA'U TAFODAU, CYN DECHRAU PISO CHWERTHIN YN AFREOLUS.*

PROFF: (YN DYNER) Be' ofynnodd hi, Tam?

TAMMY O'dd e'n rili sbesial…

RUTH: Beth!!

TAMMY: Ofynnodd hi.....os bydden i'n fo'lon mynd i fyw 'da nhw rywbryd.

***PAWB** YN SBIO O UN I'R LLALL. ANHYGOEL O NEWYDDION – OS YDI O'N WIR.*

RUTH/BAZ/SEI: Ti!/No way!/Cer i grafu!

TAMMY: Mae e'n wir!

PROFF: (GAREDIG) Noson gynta un, Tam? Wyt ti'n siŵr? Wyt ti'n siŵr ma' nid dychmygu wnest ti?

TAMMY: Na! Ofynnon nhw i fi sawl tro! Ofynnon nhw i fi ddoe, jyst cyn iddyn nhw fynd. Wel, atgoffa fi, like. Don't forget now, Tamsi! Paid anghofio!

LEWIS: 'Tamsi'?

TAMMY: Pet name. Preifat. Dyna o'n nhw'n 'y ngalw i.

BAZ: Pam fuck 'sen nhw'n moyn r'ywun fel ti i fyw 'da nhw! 'Se garden gnome yn chepach! Ac yn fwy defnyddiol!

SEI: Neu Toby jug!

BAZ: Neu.....cabbage patch kid! Wel, bertach ta beth. Jôc!

TAMMY: (YN DAER) Ofynnon nhw i fi ddisgw'l ar ol 'u plant nhw!!

*AM ENNYD, **PAWB** YN SYFRDAN.*

TAMMY: Pan gewn nhw blant, ma'n nhw'n moyn i fi fod yn nanny!

***PAWB** YN DAL YN SYFRDAN.*

BAZ: Fuck my sister's cat's arsehole.

RUTH: Ti! Ond…! 'Ddar pryd ma' 'da ti ddiddordeb miwn plant? 'S da ti frawd neu 'whar?

TAMMY: 'Ti'n gwbod 's da fi ddim. 'Ti'n gwbod bo fi'n unig blentyn.

LEWIS: (YN 'DYWYLL') Unig blentyn; plentyn unig.

TAMMY: Na!

SEI: It was Christmas day at the workhouse!

PROFF: Gad lonydd iddi, Sei.

SEI: Neu…?

TAMMY: 'Fi wedi dishgwl ar ôl plant cyn heddi. 'Whare 'da plant 'fyd: ar lan y môr; yn y parc, sort 'na o lefydd.

RUTH: 'Whare 'da plant ar lan y môr? Ddim cael suntan fel pawb arall, Tammy?

SEI: Come and sit on my knee, little boy!

BAZ: If I give you five pounds, will you come in the car?

BAZ/SEI: For five pounds, I'll come in your mouth! Bwm, bwm!

Y DDAU YN GLANNAU CHWERTHIN.

PROFF: (AMDDIFFYNNOL) Ma' Tammy'n gwneud gwaith gwirfoddol o dro i dro! Gwaith…..elusennol. 'D wyt, Tam?

TAMMY: Fi ddim yn lico siarad am y peth.

BAZ: Ow, gw on!

RUTH: Mary on a donkey.

TAMMY: Beth…?

LEWIS: Siwd sort o waith?

BAZ: Abiwso kids bach ar lan y môr, obviously!

PROFF: Mi wyt ti wedi cysidro mynd dramor, 'd wyt, Tam…?

BAZ: Heddi? Gwd, mwy i ni yfed yn y reception.

TAMMY: Ma' nhw wedi gofyn i fi sawl gwaith, Baz!

LEWIS: John a Jane? Gwed 'na'.

TAMMY: Save The blincin Children!

BAZ: Stuff the blincin children by the sound of it, dear!

PROFF: Paid â chynhyrfu. Dim disgwyl i rywun o'i gefndir o ddallt.

O'R OLL SYDD WEDI CAEL EI DDWEUD HYD YMA, DYMA'R GWAETHAF, DOES BOSIB.

BAZ: Excusez-moi?

PROFF: Mae o'n wir, waeth iti heb â sbio arna' i fel'na. 'Wrach mod i'n snob, ond 'dw i'n digwydd credu fod magwraeth yn bwysig.

***BAZ** YN SYLLU. AROS EI GYFLE.*

PROFF: (WRTH **TAMMY**) Cenfigennus ydi o! Ma'r un peth wedi digwydd i mi, droeon....

BAZ: 'S dim fuck all 'rio'd wedi digwydd i ti, Proff. Gas dy dad wanc; misodd e, a nawr 'ni i gyd yn gorfod goddef.

***PROFF** YN SIMSANU; EI WEFUS ISAF YN CRYNU FYMRYN. MAE'N BRYSIO ALLAN YN DDAGREUOL.*

TAMMY: Basdyd, Baz!

SEI: 'Dw i'n gobeithio 'd wyt ti ddim yn mynd i regi fel'na yn y capel!

***SEI** YN CHWERTHIN; DISGWYL I **BAZ** YMUNO. OND **BAZ** YN DDIFLAS, YN YMWYBODOL O EDRYCHIAD CYHUDDGAR **TAMMY**, AC EDRYCHIADAU LLED-GYHUDDGAR **LEWIS** A **RUTH**.*

BAZ: Bydd e'n o-cei! (YNA ILDIO) O-reit!

*EXIT **BAZ**. **SEI** YN ANSICR (HEB **BAZ**). MAE'N DILYN **BAZ** YN FRYSIOG. **TAMMY** YN GWNEUD OSGO I ADAEL. **RUTH** YN CAMU I'W LLWYBR.*

RUTH: Sori am beth wedes i gynne fach. 'Odd Proff yn iawn. Cenfigen – 'na beth yw e. 'Na beth o'n i'n moyn bod pan o'n i'n groten: nanny. Neu nyrs falle. Er, mwy o siawns 'da ti o gwrdd â rhywun enwog os 'ti'n nanny.

TAMMY: Neu rhywun enwog sy'n dost; os 'ti'n nyrs.

RUTH: Ar y National Health?

LEWIS: Nethon nhw rili gynnig y swydd iti? Paid mynd miwn i ddim yn ddall, Tammy! Ma' siwd gyment 'da ti ddysgu.

RUTH: Nethon nhw?

TAMMY: Wrth gwrs 'nny! Stafell 'yn hunan; defnydd y ffôn; DVD.

RUTH: DVD? Wow!

TAMMY: 'Sneb yn y stryd wedi cael cynnig hwnna, beta i di!

LEWIS: (BREUDDWYDIOL) Dy stryd fach di; dy fyd bach di mor bell yn ôl.

TAMMY: (HITHAU'N FREUDDWYDIOL) Ie, 'na beth o'dd e 'fyd.

RUTH: Pryd digwyddodd e? **Siwd** digwyddodd e!

TAMMY: Beth?

RUTH: Mae e'n ddirgelwch, nagyw e! 'Ni i gyd yn byw yn yr un tŷ, ac eto dyma'r tro cinta i fi fod yn ymwybodol o'r cyfeillgarwch dwfwn sy'n bodoli rhyngtot ti a Jane. A John...! Sbo.

LEWIS: Ffrindie 'da'r **ddou** o nhw, y't ti?

*HYN I'W WELD YN POENI **LEWIS** YN FAWR.*

RUTH: Siwd na sylwodd neb? Siwd o'ch chi'n cyfathrebu: trâd dan y ford?

TAMMY: Nage rwbeth corfforol o'dd e!

RUTH: 'O'dd'? Odi popeth yn ffradach nawr?

TAMMY: Wrth gwrs 'dyn nhw ddim! Pan gewn nhw blant, y fi fydd yn dishgwl ar 'u gôl nhw!

RUTH: John a Jane...?

TAMMY/RUTH: Y plant!

RUTH: Gotcha.

LEWIS: Ac eto....

RUTH: Pwynt da, Lewis!

TAMMY*'N EDRYCH YN HURT.*

RUTH: Wastad yn, nagyn nhw? Pwyntie Lewis. Wastad 'da rhyw sylw treiddgar lan 'i lawes.

LEWIS: Nage ti yw 'u morwyn briodas nhw. Siwd allan nhw dy drysto di 'da'u plant, ond eto ddim dy wahodd di i fod yn forwyn briodas?

TAMMY: Nage ti yw'r gwas! A ti a John yn best butties, nagych chi?

RUTH: Lan tine'i gilydd pob cyfle gewn nhw.

LEWIS: Beth wedest ti!

SYLW ***RUTH*** *YN CYTHRUDDO* ***LEWIS*** *YN LLWYR. MAE'N CAMU ATI'N FYGYTHIOL.* ***TAMMY*** *YN PIFFIAN CHWERTHIN.*

LEWIS: Beth fuck wedest ti!!

RUTH: Gan bwyll! **Ffordd** o 'weud, 'na'i gyd. 'Best butties', fel wedodd Tamsi.

TAMMY: 'Sdim ots 'da fi os 'ti'n galw fi'n hynna.

RUTH: O, diolch! 'Wy mor falch.

LEWIS: Nagit ti'n gwbod ystyr y gair!

RUTH: 'Butties'? 'Wy'n hoff o gig moch ynddyn nhw'n hunan.

LEWIS: Cyfeillgarwch! John a fi! O'r funed gwrddon ni, gas cannwyll 'i goleuo ym mywyde'r ddou o ni.

TAMMY: Ma' hwnna mor hardd!

RUTH: Bobo gannwyll, ne' o'ch chi'n r'annu?

LEWIS: O'dden i'n 'ying' i'w 'yang' e; yn fara i'w gaws; yn facwn i'w wy.

RUTH: Cig moch ac wy! Gwell fyth!

LEWIS: A nawr mae e'n briod.

TAMMY: Ddim am gwpwl o orie 'to, Lewis.

LEWIS: 'Good as', 'chan! Uffach, o's rhaid i ti fod mor llythrennol?

RUTH: Nagit ti'n lico Jane?

TAMMY: Wastod lan yn 'i stafell hi, yn helpu hi da'i gwaith cwrs!

LEWIS: Mi fydde John 'na 'fyd! Lan yn stafell y ddou, Tammy! (YNA WRTH **RUTH**) Beth 'yt ti'n awgrymu nawr 'to?

RUTH: Dim. Cyfan wedes i o'dd bo chi'n ffrindie agos; miwn ffordd dam bach yn risqué, 'wy'n cyfadde, ond dyna o'en i'n feddwl, Lewis! Allsen i fod wedi gweud 'fel dou frawd'. Rhwydd!

LEWIS: O'dden ni, 'fyd.

RUTH: Gwd!

LEWIS: O'dd beth wedest ti'n sexist! A 'sen i wedi 'weud e, bydde lle yr uffar 'ma!

TAMMY: Ddigwyddodd e i fi: sexism.

RUTH: Mha ffordd o'dd e'n sexist? Gwed yn gloi, falle alla'i ypseto Baz 'fyd.

LEWIS: Wel..! Fyddet ti byth yn gweud am ddwy fenyw, er enghraifft, bod **nhw** lan tine'i gilydd pob cyfle posib, 'na fyddet ti?

RUTH: Amhosib. 'Sdim coc 'da ni.

TAMMY: O, Dduw! Plîs maddeua iddi os 'ti'n grindo…

LEWIS: Ie, gwmws! 'Dyw e ddim fod i ddigwydd; **all** e ddim digwydd!

RUTH: Bysedd? Na…? Ddim mor rywiol falle.

TAMMY: Ruth: 'ti'n sic.

RUTH: Nagw, 'wy'n normal. Mae e'n ymddygiad normal rhwng bachan a merch, nagyw e!

LEWIS WEDI MYND BRAIDD YN SYNFYFYRIOL.

RUTH: Metaffor o'dd e, 'na'i gyd.

LEWIS: (HIRAETH AM RYW OES O'R BLAEN) 'Sdim lot o metaffors i ga'l yng Nglwb Rygbi yr Aman. (MAE'N YMGOLLI, A CHANU'N YSGAFN AC YSBEIDIOL WRTHO'I HUN)

'Yr Aman yw y gore……..y gore……y go – re!
Roll along Aman United…….roll along

To the top of the league......where you belong...
With a little bit of luck....!'

Beth? 'Da dam bach o lwc, falle gyrhaeddwn ni oed yr addewid?

TAMMY: Der 'mlân, Lewis! Ma' hwn yn ddiwrnod hapus! Nagyw e, Ruth?

RUTH: 'Sdim lot o nhw i ga'l miwn priodas. Y diwrnod 'i hunan, naturiol, fel 'ti'n gweud Tamsi; achlysur yr anniversary cinta? Ddim yn amhosib! Ond ar ôl 'nny? Stryglan, nagit ti!

LEWIS: Co ti 'to! Miss Cynical!

RUTH: Siniciaeth yw trial byw, ar ôl i dy rieni wahanu, Lewis? A tithe ond croten?

TAMMY: Ddigwyddodd hwnna i fi! Wel, bron â bod. Gas mami a dadi big ffrae pan o'n i'n saith oed? O, major! A'th e mlân am orie!

RUTH: 'Ti'n mynd i fod mor banal â hyn trwy'r dydd? "Bron â bod"? All rhywun 'weud 'na! Tase mam wedi bod yn y lle iawn, Tom Jones fydde 'nhad i! O'dd 'yn rhieni i'n gwahanu yn ffaith, nage'n ffantasi!

__LEWIS__ YN GWENU YN FODLON.

RUTH: Ie, wel?

LEWIS: Neis gweld fod 'da ti fan gwan. Rhoi ffydd i ddyn. Beth ddigwyddodd?

RUTH: Mae e'n bersonol.

LEWIS: 'Sdim rhaid 'ti 'weud os nagit ti'n moyn.

RUTH: (HEB BETRUSO) O'dd dad yn gwitho gartre. Cyfrifiaduron? Nag wy'n siwr. Mam wed'nny yn gwitho bant; yn y dre 'wy'n meddwl, bythdy ugen milltir i ffwrdd. Un diwrnod, ddath hi'n ôl o'r gwaith yn annisgwyl, a do'dd dim sein o dad yn unlle: ddim yn y stydi; ddim yn yr ardd – o'dd e'n lico'r ardd – ddim yn y garej yn 'whare 'da'r car; ddim yn y bathrwm yn cael bath – o'dd e'n lico bath – a ddim yn y gegin chwaith.

TAMMY: O'dd e'n lico bwyd?

RUTH: Na, jyst lico'r gegin. Ta p'un, a'th mam lan stâr....

TAMMY: O, na! 'Wy'n 'i weld e'n dod!

RUTH: 'Na'n gwmws welodd mam!

TAMMY: Never!

LEWIS: (WRTH **TAMMY**) Cia dy ben, w! Beth ddigwyddodd wed'ny?

*CYN I **RUTH** FEDRU ATEB, **BAZ** A **PROFF** YN AILYMDDANGOS, BREICHIAU AM YSGWYDDAU EI GILYDD, YN GWNEUD Y CAN-CAN, AC YN 'CYFEILIO' YN Y DULL PRIODOL.*

BAZ/PROFF: Daaa! Da-ra-da-da-da-da! A.Y.Y.B.

***SEI** YN AILYMDDANGOS YN EU SGIL, YN ANSICR A PHOENUS. MAE CYFEILLGARWCH **BAZ/PROFF** YN EI LENWI Â CHENFIGEN A CHASINEB.*

RUTH: Beth yw hyn 'te, Sei..! Y ci wedi colli'i gynffon?

TAMMY: 'Yw pawb yn y byd yn ffrindie nawr?

LEWIS: (WRTH **SEI**) Syrfio ti'n reit am fod mor wasaidd!

*YN Y CYFAMSER, **BAZ** A **PROFF** YN DAL I WNEUD Y CAN-CAN.*

BAZ: Come on in! The water's lovely!

***TAMMY**, YN DDIGYMELL, YN RHOI GWICH O BLESER AC YN YMUNO YN Y 'LEIN'*

BAZ: Der mlân, Ruth!

*ENNYD O BETRUSO, YNA **RUTH** YN YMUNO. Â'R 'LEIN' YN BEDWAR.*

PROFF: Ty'd yn dy flaen, Lewis!

LEWIS: Fuck off!

RUTH: Dere!

***RUTH** YN LLWYDDO I GYDIO YNDDO A'I DYNNU I'R 'LEIN'.*

LEWIS: 'Se Wncl Sioni'n 'yn lladd i tase fe'n fyw! O'dd e'n casáu y Frogs!

*MAE'R 'LEIN' YN BUMP, ER NAD YW **LEWIS** YN LLWYR ILDIO YN 'EMOSIYNOL'.*

Y PUMP: Daaa! Da-ra-da-da-da-da-da! A.Y.Y.B.

TAMMY: Sei! Dere!

RUTH: Der mlân, Sei!

LEWIS: Der mlân, y pwdryn!

*OND DIM GAIR O ANOGAETH O ENAU **BAZ**. **SEI** YN AROS AR Y CYRION. Y CAN-CAN YN DOD I BEN. **BAZ**, **PROFF**, **TAMMY** A **RUTH** YN CAEL EU GWYNT ATYNT, A CHWERTHIN YN AGORED AM BEN YR HWYL A GAFWYD. HYD YN OED **LEWIS** YN METHU DAL YN ÔL YN LLWYR.*

LEWIS: Blincin dwli!

***BAZ/PROFF** YN DAL A'U BREICHIAU AM YSGWYDDAU EI GILYDD; YN DAL YN 'BUTTIES'. **RUTH** YN TYNNU **SEI** I UN OCHR.*

RUTH: Beth ddigwyddodd mas 'na, Sei?

*Y GOLAU YN NEWID: CYLCH O OLAU YN FFAFRIO **BAZ/PROFF**. AR GYRION Y CYLCH, **SEI** YN CLUSTFEINIO, OND YN METHU CLYWED YN IAWN. SGWRS **BAZ/PROFF** YN GYFRINACHOL A CHYNLLWYNGAR.*

BAZ: Sori, butt. Nagon i'n meddwl hwnna. 'Wy'n siwr nag yw dy dad yn wancyr rili.

PROFF: Na, dydi'o ddim. Mae o'n dwrna; ac mi fydd yn edifar gin ti pan glywith o am hyn.

BAZ: Mae e'n beth...? Beth yw hwnna.....cyflwr meddygol?

PROFF: Cyfreithiwr! Dyn y gyfraith.

BAZ: O, fuck.

PROFF: Enllib ar flaena'i fysedd o.

BAZ: Proff, 'wy'n sori, beth 'ti moyn fi 'neud, byta dy gachu di?

PROFF: Fyswn i ddim yn 'i roi o dy heibio di!

BAZ: Shit o'r North. Hm. Dunno.

PROFF: Ac nid dim ond dad fydd ar dy ôl di chwaith, pan ga' i gyfla i siarad efo Ruth!

BAZ: Break it to me gently.

PROFF: 'Chdi ddwynodd 'i phres hi!

BAZ: A! Benthyg!

PROFF: Mi gwelis i chdi! Mi o'n i'n gorwedd ar y soffa!

BAZ: O't ti'n cysgu! Nagot ti?

PROFF: **Smalio** cysgu!

BAZ: Smalio! Funny word.

PROFF: Mi gwelis i chdi, Baz!

BAZ: O'dd rhaid i mi, O.K.! O'n i'n skint.

PROFF: Mi dw inna' heb bres yn aml iawn, ond dydw i ddim yn dwyn oddi ar bobl erill chwaith! Yn enwedig ffrindia'!

BAZ: 'Na fe, t'wel. Magwraeth. Reit, grinda – swops, iawn? Ma' 'da'r ddou o ni gyfrinach, 'do's e...

PROFF: O? Pa gyfrinach sgin ti?

BAZ: Wedes i ddim? Explosive! John yn y briodas...? Mae e'n mynd i weud rhwbeth rili pwysig? Mae e'n mynd i wneud....O!....'ti'n gwbod, beth yw e....ma' 'na air...fuck, beth yw e!

PROFF: Fysa ots gin ti beidio rhegi gymaint?

BAZ: Helpa fi! Beth yw'r cuntin' gair?

PROFF: Datganiad?

BAZ: Exactly! Ma' John yn mynd i wneud un o r'eina yn y briodas! Ac 'wy'n gwbod beth mae e'n mynd i weud 'fyd! O't ti'n meddwl ma' Lewis o'dd 'i best buttie fe? No way! 'Moyn swops?

PROFF: Iawn!

BAZ: 'Ti'n addo na 'wedi di air wrth Ruth bythdy'r ffaith ma' fi ddwgodd 'i harian hi – all seven quid of it – a'i 'wythu fe ar ddou beint o Stella yn y dre?

PROFF: Dw i'n addo! Be' ma' John yn mynd i ddeud yn y briodas?

SEI: (AR Y CYRION; TRIO DENU SYLW) Baz..?

BAZ: Na, na – 'ti'n confused nawr. Single swop, ife. 'Y nghyfrinach i o'dd bod John yn mynd i 'weud rhwbeth yn y briodas. That's it. Swop **arall** yw'r gyfrinach 'i hunan.

PROFF: Twyllwr, Baz!

BAZ: Magwraeth, t'wel!

*Y DDAU YN CYDWENU. **BAZ** YN RHOI EI FRAICH AMDANO. MAENT YN 'FFRINDIAU' AM Y TRO. HYN YN GYLLELL TRWY GALON **SEI**. Y GOLAU YN NEWID I FEL AG YR OEDD O O'R BLAEN.*

SEI: (WRTH **RUTH**) Dim. Ddigwyddodd dim.

Â'R 'CHWARAE' YN ÔL YN 'AGORED'.

TAMMY: 'Ych chi'ch dou yn ffrindie nawr?

RUTH: Ffrindie gore, weden i!

PROFF: Mi 'dan ni'n dallt 'yn gilydd – tydan Baz?

BAZ: (GAN WENU'N GREULON I GYFEIRIAD **SEI**) O, odyn!

TAMMY: (GAN CHWERTHIN YN WIRION) Lan tine'ch gilydd pob cyfle gewch chi!

***BAZ** YN STOPIO YN STOND; **BAZ/PROFF** YN DAL A'U BREICHIAU AM EI GILYDD.*

TAMMY: Joc! Rwbeth wedodd Ruth.

RUTH: Am John a Lewis!

LEWIS: Ond 'dyw e ddim yn wir!

BAZ: Beth sy' ddim yn wir? 'Na beth 'yt ti, Proff: North Walian turd-burgler? (EI WTHIO I FFWRDD) Fuck off!

***SEI** YN NEIDIO I FYNY AC I LAWR, YN CLAPIO A GWICHIAN.*

TAMMY: Nage! Cyfeillgarwch! Mae e'n biwtiffwl! Mae e'n goleuo bywyde, nagyw e, Lewis?

LEWIS: Cnacha bant, Tammy! 'Dyw e ddim yn wir!

BAZ: (TROI AR **LEWIS**) Ti a John, is it? Fi jyst moyn gwbod le 'wy'n sefyll, 'na'i gyd!

SEI: A dy gefn at y wal, os wyt ti'n gall!

BAZ: Homophobic, Sei? Jocan i'n **ni!**

PROFF: Wel – **mae** o wedi colli 'i fam.

TAMMY: Nag o'n i'n gwbod bod 'da ti fam. Ddim mam!

SEI: O leia' dydw **i** ddim yn rhannu gwely efo Kylie Minogue wannabe!

PAWB YN EDRYCH O UN I'R LLALL.

TAMMY: Pwy? Pwy! (HI EI HUN WRTH GWRS)

RUTH: **Odych** chi'n rhannu gwely? Dyna o't ti'n feddwl, pan wedes ti fod 'da ti ddiddordeb miwn plant?

SEI: **Chwara** efo plant! Dyna ddeudist ti!

BAZ: Come and sit on my knee, little boy!

SEI: (DYMA WELLIANT!) If I give you five pounds, will you come in the car?

BAZ/SEI: For five pounds, I'll come in your mouth! Bwm, bwm!

TAMMY: Na, byth! 'Da Proff? Ffrindie y'n ni!

BAZ: Savin' it for Jesus, dear…?

RUTH: Odych chi'n rhannu gwely…?

TAMMY: Withe!

PROFF: Be' 'di'r ots! Fel Gandhi, mi fedra inna' dreulio ambell i noson yn yr un gwely â merch brydferth heb gynhyrfu yn wirion.

TAMMY: Heb stitch o ddillad ambell waith, 'whare teg!

*Y SYLW I GYD YN MYND I GYFEIRIAD **PROFF**.*

LEWIS: Beth ffyc sy'n bod a'n't ti, gwed?

SEI: Pwy ydi Gandhi?

***PROFF** YN LLED-WENU; YSGWYD EI BEN MEWN TOSTURI.*

PROFF: Na, doeddwn i ddim yn meddwl y bydda llawer ohonoch chi'n gwybod pwy oedd o.

BAZ: 'If my faith burns bright, as I hope it will even if I stand alone, I shall be alive in the grave, and what is more, speaking from it.'

***BAZ** YN YNGAN YR UCHOD YN DDIFRIFOL A DWYS. LLWYDDA I DDWYN Y SYLW I GYD. DAW CERDDORIAETH INDIAIDD YN Y CEFNDIR.*

TAMMY: (YN BYRLYMU O EDMYGEDD) 'Na'r peth perta' fi 'di glywed erioed!

BAZ: Mahatma Gandhi, born ail o Hydref, mil wyth chwe naw yn Porbandar, Kathiawad, yn fab i Karamchand a Putlibai Gandhi. A'th i'r ysgol gynradd yn Rajkot, ac ysgol uwchradd Rajkot wed'nny. Briododd e Kasturbai, merch Gokuldas Makanji yn mil wyth wyth tri. Farwodd 'i dad e ar y sixteenth o Dachwedd, mil wyth wyth pump. Basodd e'i matric yn coleg Ahmedabad Samaldas, Bhavangar, Kathiawad. Ganwyd mab iddo, Harilal, yn mil wyth wyth wyth. All the eights there! Yn mil wyth naw un, hwyliodd e o Bombay i Loegr i

astudio'r gyfraith. Ganwyd mab arall iddo, Manilal, yn Hydref, mil wyth naw dou. Harilal a Manilal, 'you say Harilal, I say Manilal' ife. Withodd e yn Ne Affrica am flynydde fel cyfreithiwr. Yn mil naw naw 'wech, ddath e 'nôl i India a chyhoeddi pamffledyn, 'The Green Book'; a long bloody way to go to publish a book ond 'na fe! Yn mil wyth naw naw, all the 'nines' man'na bron â bod, sefydlodd e'r Indian Ambulance Corps i'r Brits ar gyfer rhyfel y Boar.
Yn mil naw dim 'wech, sefydlodd e Ambulance Corps arall, tro hyn ar gyfer gwrthryfel y Zulu. Ie, un arall! Glutton for punishment, 'sech chi'n gofyn i fi! Yn Hydref, mil naw dim 'wech……(MAE'N OEDI) Fuck it, let's skip the rest, ewn ni streit i'r diwedd, ife? Am dri muned ar ddeg wedi pump ar y degfed ar hugen o Ionawr, mil naw pedwar wyth, gas e'i assassinetio gan fachan o'r enw Nathuram Vinayak Godse. Onest, 'na beth o'dd 'i enw fe! Sylwch pa mor debyg yw 'Godse' i'r Saesneg 'God'. Cyd-ddigwyddiad? Ffawd? Answers on a clean postcard, please. Gas e'i saethu deirgwaith yn y chest – bang! bang! bang! – a marwodd e 'da enw'r Arglwydd Rama ar ei fin.

CYMRYD SAIB YN FWRIADOL ER MWYN EFFAITH. ***PAWB*** *YN SYLLU ARNO.*

BAZ: Nawrte – 'chi'n bownd o fod yn meddwl: 'odi e'n gweud y gwir, neu odi'r fucker bach yn 'i 'neud e lan fel mae e'n mynd mlân?'

LEWIS: (YN ORFFWYLL Â CHYNDDAREDD) 'Ti'n 'neud e lan, y fucker bach…!!

LEWIS *YN RHUTHRO AT* ***BAZ****, A CHYDIO YN EI WDDF A CHEISIO EI LINDAGU.*

LEWIS: Jôc yw e! Fel popeth arall yn dy fywyd pathetig di! Ond nid jôc yw bywyd i fi, 'ti'n deall!

AM ENNYD, ***PAWB*** *WEDI EU SYNNU GAN SYDYNRWYDD A FFYRNIGRWYDD YR YMOSODIAD.*

LEWIS: 'Wy'n dy gasáu di! 'Wy'n casáu'r tŷ 'ma! 'Wy'n casáu'r ddinas 'ma! 'Wy bron marw isie mynd 'nôl i gefen gwlad!

BAZ: (LLWYDDO I DDWEUD) Dai Jones rules!

LEWIS: Ie, Dai Jones rules for fucking ever 'fyd! A meiddia di awgrymu 'to bo fi, neu John – neu Dai fucking Jones! – yn 'nancy boy' ac mi roa'i dy ben di yn y mincer, was, a dy fwydo di i'r moch!

LEWIS *YN EI RYDDHAU.* ***BAZ*** *YN CAEL EI WYNT ATO.*

BAZ: ('CAMP') 'Mincer', ife? Addas iawn, cariad!

LEWIS *YN CYNDDEIRIOGI O'R NEWYDD; RHUTHRO AT* ***BAZ*** *DRACHEFN. OND* ***BAZ*** *YN BAROD AMDANO'R TRO HWN, AC YN MABWYSIADU OSGO AMDDIFFYNNOL, FEL PAFFIWR.*

BAZ: Der mlân te! West Walian ponce!

LEWIS *YNTAU YN MABWYSIADU YR UN OSGO.*

LEWIS: Ffansïo dy hun 'yt ti? Valley scum!

Y DDAU YN PRANCIO O AMGLYCH EI GILYDD.

PROFF: Peidiwch! Ma' ymladd yn ofer a dibwrpas! Dyna sy'n bod ar y byd!

TAMMY: Duw, **cariad** yw!

SEI: Cnocia'i ben o i ffwr', Baz!

TAMMY: Stopwch, plis!

LEWIS: 'Wy'n stopo……pan stopith e 'ngalw i'n 'ponce'!

BAZ: **Fi'n** stopo……pan mae e'n stopo!

LEWIS: 'Wy'n stopo…..pam mae e'n cyfadde fod beth wedodd e am John a fi'n gelwydde!

SEI: Hwyrach 'i fod o'n wir! Hwyrach ma' nid clwydda' ydi'o o gwbl!

RUTH: Rhaid fod John yn 'whare ffwtbol **a** chriced te! Os yw e'n wir….

LEWIS/BAZ: Beth…..?

RUTH: Ma' Jane yn feichiog.

__LEWIS__ A __BAZ__ YN AROS YN STOND. __PROFF, TAMMY__ A __SEI__ YN RHYTHU. __RUTH__ WEDI DWYN Y SYLW I GYD.

RUTH: O'dd Proff yn iawn: 'shotgun wedding', 'na beth fydd hi.

BAZ/LEWIS/TAMMY/PROFF/SEI: Never!/'Ti'n jocan!/Na!/'Rioed?/Go iawn?

RUTH: Jane wedodd. O'dd John 'na 'fyd. Ond Jane wedodd. Eistedd ar y gwely am dri o'r gloch y bore, Baz?

BAZ: Sez you!

RUTH: Mae e'n wir!

LEWIS: Jane yn feichiog?

PROFF: Be'di'r ots? Dim yn anarferol ynddo fo heddiw! Be'di'r ots!

BAZ: Dirty bastard.

TAMMY: Cwpwl perffaith wedi boddi cyn cyrredd y lan!

LEWIS: 'Sneb yn berffaith, Tammy!

TAMMY: Falle 'nny – ond fi'n credu dylet ti gadw dy hun yn bur ar gyfer y noson fawr.

SEI: (SBEITLYD) Dyna wyt ti a Proff yn 'neud?

TAMMY: Fi'n sôn am unrhyw un! Nage fi! Nage fe!

BAZ: Wel, wel, wel! Jane yn feichiog……a Lewis ddim yn gwbod. John, 'i ffrind gore fe yn y byd, yn pallu gweud 'tho fe!

PROFF: Ond mi wyt ti'n gwybod, 'yn dwyt, Baz? (MAE'N CYNHYRFU) Rhaid ma' dyna be' ma' John yn mynd i ddeud yn y briodas! Y gyfrinach bondigrybwyll! Y datganiad, Baz! Cofio?

TAMMY: Beth mae e'n mynd i 'weud….?

SEI: Fod Jane yn feichiog…?

RUTH: Datganiad?

LEWIS: Pa gyfrinach?

__BAZ__ YN EDRYCH YN GYHUDDGAR AR __PROFF__.

PROFF: (SIMSANU) **Rhaid** ma' dyna…….mae o'n mynd i ddeud.

__BAZ__ YN GWNEUD YSTUM ANWEDDUS GYDA'I LAW (SEF WANCIO).

BAZ: Like father, like son, bois bach!

SEI: Mi fyswn **i** wedi cau 'y ngheg, Baz!

BAZ: Nawrte! Now you're talking! 'Mistêc i o'dd torri ti off, Sei! Der 'ma!

SEI *YN MYND ATO YN UFUDD.* ***BAZ*** *YN RHOI BRAICH AMDANO.*

BAZ: Byth 'to, 'ti'n clywed?

LEWIS: Pa gyfrinach! Beth mae e'n mynd i 'weud? Bygyr it, 'sdim chwant 'da fi fynd i'r blincin briodas 'ma nawr. 'Chi 'di spwylio ddi'n barod!

RUTH: Ofan bydd y gyfrinach yn datgelu rhwbeth ych-a-fi, Lewis?

TAMMY: 'Ddigwyddodd hwnna i fi: 'ych-a-fi'.

LEWIS: Bythdy......pwy, Ruth?

RUTH: Ti!

PAWB *YN EDRYCH AR* ***LEWIS****.*

RUTH: Neu......ti!

SEF ***BAZ****.* ***PAWB*** *YN EDRYCH ARNO FO.*

RUTH: Neu.........ti!

SEI*.* ***PAWB*** *YN EDRYCH ARNO FO.*

RUTH: Neu...........(CYSIDRO **PROFF**) Na, falle ddim.

LEWIS: Beth mae e'n mynd i 'weud...!

RUTH: Mae e'n mynd i 'weud……(OEDI ER MWYN EFFAITH)

BAZ/LEWIS/PROFF/SEI/TAMMY: Beth?/Be'!!

RUTH: Ma' John yn mynd i 'weud………ma' nid fe yw'r tad.

NEWYDDION PUR SYFRDANOL, MAE'N RHAID CYFADDEF.

LEWIS: Wedodd e 'na? Wedodd John….! Na, nagw i'n dy gredu di! Pam! Pam nawr? Pam priodi!

RUTH: Newydd ffindo mas mae e.

BAZ/LEWIS/PROFF/SEI/TAMMY: Siwd/Sud!!

RUTH: Jane wedodd wrtho fe. Cyfadde! Cwmpo ar 'i bai!

LEWIS: Bollocks! Na!

RUTH: Cydwybod! Edifeirwch!

TAMMY: Odi John wedi madde iddi? 'Na nelen i, fel Cristion.

BAZ: 'Phriodi hi, nagyw e! Un o'r Cristnogion twp 'ma wyt ti, ife?

SEI: Drong!

LEWIS: Gan bwyll! Woa, nawr. Reit-o, ffein, ma' Jane wedi cyfadde mai nid John yw'r tad….a ma' John wedi madde iddi. Beth arall? Dim, beta'i chi!

RUTH: O, o's. Ma' mwy. (OEDI) Mae e'n gwbod pwy yw e.

LEWIS: 'Wy'n gweld! 'Jane wedi cyfadde hynny hefyd, sbo!

RUTH: 'Sdim rhaid 'ddi. Ma' 'da John dystioleth.

*NEWYDD PUR SYFRDANOL ETO. **RUTH** YN MWYNHAU'R 'FOMENT'. **BAZ, LEWIS, SEI** A **PROFF** YN 'YMWYBODOL' O'I GILYDD.*

BAZ: Dewch mlân te, bois: hands up! O.K. fi'n 'i ffansïo hi, ond fi'n ffansïo Catherine Zeta Jones 'fyd. Ond nagyw hwnna'n meddwl bo fi wedi shago'i. So! Nage fi sydd wedi dipo'i wic!

SEI: 'R un fath â Baz!

RUTH: Lewis....?

LEWIS: 'Sen i **byth** yn bradychu 'yn ffrind gore.

SEI: Dydi o ddim yn ffrind gora iti!

***LEWIS** YN CYMERYD CAM BYGYTHIOL I GYFEIRIAD **SEI**; **SEI** YN CAMU TU ÔL I **BAZ**.*

BAZ: Der mlân nawr, Lewis. Fair play. Truth hurts, and all that crap.

RUTH: Beth s'da Proff i' 'weud....?

PROFF: Gwadu...!.....wrth gwrs.

SEI: Wrth gwrs! Hyd yn oed tasat ti'n cael cynnig ar blât, cwbl fysat ti'n 'neud fysa gorwedd wrth 'i hymyl hi drwy'r nos, heb gyffwrdd pen dy fys ynddi!

***TAMMY** YN GWENU'N GARIADUS AR **PROFF**.*

BAZ: Yn starkers; fel Gandhi. Hei, o'dd Lewis yn iawn: beth fuck sy'n bod a'n't ti, gwed?

LEWIS: Pam, Ruth? Pam gweud 'tho ni? 'Sen ni gyd yn cael gwbod cyn diwedd y dydd ta p'un.

CLOCH Y DRWS YN CANU.

TAMMY: Tacsi!

BAZ: Joio'r 'sylw', bach?

BAZ: Wel, Ruth?

***RUTH** YN CHWERTHIN YN WAWDLYD. MIWSIG DRAMATIG. **RUTH** YN YSGUBO ALLAN YN BWRPASOL. **PAWB** ARALL YN DILYN.*

*GOLEUADAU YN NEWID. MIWSIG YN NEWID. **RUTH** YN ARWAIN Y CRIW YN ÔL. MAENT YN GWNEUD Y 'CONGA', DDWYWAITH ROWND Y LLWYFAN.*

MIWSIG YN NEWID: CORDIAU AGORIADOL 'HERE COMES THE BRIDE'. Y CRIW YN FFERRU; SEFYLL YN FFURFIOL A WYNEBU TUAG ALLAN – FEL PE BAENT MEWN GWASANAETH PRIODAS.

*Y MIWSIG YN NEWID ETO: MIWSIG DAWNS CANOL Y FFORDD, ABBA'AIDD ('DANCING QUEEN', HWYRACH). Y CRIW YN DAWNSIO YN EGNÏOL; YMGOLLANT YN LLWYR YN YR HWYL A'R SBRI (IE, HYD YN OED **LEWIS**, GYDA'I 'STOMP LLANILAR'). YN GYMYSG Â'R MIWSIG, OND YN GEFNDIROL AC YSBEIDIOL (I GYCHWYN) **LLAIS** **JOHN** YN TRAETHU EI ARAITH BRIODASOL. BYLCHIR YR ARAITH GAN HYRDDIAU O CHWERTHIN A CHYMERADWYAETH.*

JOHN: (LLAIS) Fe hoffwn i ddiolch i Cecil a Dorothy, y tad a'r fam yng nghyfreth ore' bosib credwch chi fi; diolch am y wledd heddi, a'r tŷ bach twt sy'n 'yn haros ni siwrne ddewn ni nôl o'n mis mêl. Yn arbennig arbennig, hoffen i ddiolch o waelod calon i Jane man hyn – y ferch brydfertha', hyfryta' yn yr holl fyd!

Y MIWSIG YN TAWELU'N RADDOL (A MYND YN DDIM); Y CRIW YN PEIDIO DAWNSIO (BOB YN DIPYN), A RHOI EU SYLW I GYD I ARAITH **JOHN**.

JOHN: (LLAIS) Ar ben 'nny – Jane yw'r ffwrch ore 'wy 'di gael erio'd yn y 'mywyd! A diolch i'r drefen 'weda i am yr iaith Saesneg, neu fydden i ddim yn gallu gweud 'na 'tho chi nawr, 'na fydden i! Just telling them about your charity work, Dorothy!

CHWERTHIN MAWR. Y CRIW (HEBLAW ***LEWIS****) YN CHWERTHIN HEFYD.*

JOHN: (LLAIS) Gwmpes i miwn cariad 'da Jane tro cinta weles i hi: pan ddunes i'r bore tyngedfennol hwnnw, a ffindo'n hunan miwn gwely dieithr, a meddwl i'n hunan: pwy uffach yw hon sy'n cwato ar 'yn wyneb i!

CHWERTHIN; Y CRIW HEFYD (OND NID ***LEWIS****).*

JOHN: (LLAIS) Jôc fach o'dd honna, gyfeillion! A ma' jôcs yn bwysig, nagych chi'n meddwl? Jôcs a 'werthin! 'Laugh, and the world laughs with you', Cecil! Cry, and you sleep alone, ife.

CHWERTHIN.

JOHN: (LLAIS) Pan gyrhaeddes i'r tŷ'n gynnar cwpwl o wthnose 'nôl, 'chi'n gwbod beth ffindes i yn y gwely, yn gorwedd wrth ymyl 'y narpar wraig i? Ie, 'chi'n reit 'fyd. Bachan arall.

CHWERTHIN.

JOHN: (LLAIS) 'Chi'n meddwl bo fi'n jocan 'to, nagych chi? Pidwch becso, nagyw yw hi'n diall gair! Just telling them about your verruca, Dorothy!

CHWERTHIN AR Y TÂP. Y CRIW AR Y LLWYFAN YN DECHRAU DIFRIFOLI.

JOHN: (LLAIS) Un o'n ffrindie gore'i 'fyd! Ac nid gorwedd o'dd e 'waith! O, nage! 'Na le'r o'dd e, r'wng y siafftie gyfeillion, a'i dinpws bach e'n bopo lan a lawr fel piston!

***PAWB** (OND **LEWIS**) YN AILDDECHRAU CHWERTHIN.*

JOHN: (LLAIS) O'dd e'n symud mor gloi, o'n i'n ofan bydde'r ffricsion yn cynne tân!

*MWY FYTH O CHWERTHIN AR Y TÂP. **LEWIS** YW'R UN A ERYS YN GWBL LONYDD, HEB WÊN AR EI WYNEB, YN SYLLU'N DDISYMUD I UN MAN.*

JOHN: (LLAIS) Ond 'na fe – pan ddoa'i gytre nawr o'r mis mêl, mi ladda i'r basdyd! 'Ti'n gwbod pwy wyt ti! O! A byddwn ni'n dou moyn gair bach r'ywdro, 'yn byddwn ni, Jane? Tu fas y llys, falle? Jane? 'Ti'n wyn fel shiten, 'chan!

MWY O CHWERTHIN.

JOHN: (LLAIS) 'Chi'n dala'i feddwl bo fi'n jocan, nagych chi..!

*CHWERTHIN AFREOLUS (GAN Y CRIW HEFYD, HEBLAW AM **LEWIS**).*

*MIWSIG YN AILDDECHRAU. **PAWB** (OND **LEWIS**) YN DECHRAU DAWNSIO FFWL PELT. **LEWIS** YN DIFLANNU. Â'R MIWSIG A'R DAWNSIO YN EU BLAEN. **PROFF** A **TAMMY** YN DIFLANNU. Â'R MIWSIG A'R DAWNSIO YN EU BLAEN.*

SŴN CERBYD YN GYRRU; YN SGRIALU; YN TARO CLATSH YN ERBYN COEDEN NEU WAL. SŴN SEIREN PLYSMYN/ AMBIWLANS. YN YSTOD Y DDAMWAIN, Y CRIW YN ARAFU, GAN DDAWNSIO YN ARAF-SYMUDOL (MEWN SLOW-MOTION). WEDI'R DDAMWAIN, YN ÔL I'R TEMPO ARFEROL.

***LEWIS** YN AILYMDDANGOS, AC YMUNO YN Y DAWNSIO. **PROFF** A **TAMMY** YN AILYMDDANGOS, AC YMUNO YN Y DAWNSIO. Y DAWNSIO YN PARHAU. FESUL UN, Y CYMERIADAU'N DIFLANNU, AC YNA AILYMDDANGOS YN 'RHANNOL' – HYNNY YW, DIM OND CEFNAU A WELWN, ER EU BOD YN DAL I DDAWNSIO. YNA, YN GYFLYM A CHELFYDD TRY'R DDAWNS BRIODAS YN ORYMDAITH HEBRYNGOL, A HYNNY HEB I'R GYNULLEIDFA SYLWEDDOLI EI FOD YN DIGWYDD (NES IDDO DDIGWYDD). Â DICI-BO YN DEI DDU; HETIAU LLIWGAR YN HETIAU SYBER, ANGLADDOL.*
TRI PHETH YN DIGWYDD MEWN AMRANTIAD, AR YR UN PRYD:

- *(a)* *Y GOLAU YN NEWID O'R LLON I'R LLEDDF.*
- *(b)* *Y MIWSIG YN NEWID I 'CANDLE IN THE WIND' ELTON* **JOHN** *(FERSIWN GWREIDDIOL).*
- *(c)* *Y CRIW YN FFURFIO GORYMDAITH HEBRYNGOL: **TAMMY** AR Y BLAEN, FEL FFIGWR 'OLIVER TWIST'; YR HOGIA' BOB OCHR YN CARIO'R ARCH (DDYCHMYGOL); **RUTH** YN DILYN YN Y CEFN.*

Â'R ORYMDAITH, I GYFEILIANT 'CANDLE IN THE WIND', O AMGYLCH Y LLWYFAN UNWAITH, CYN DIFLANNU O'R GOLWG.

Y GÂN, A'R GOLAU YN DIFFFODD YN RADDOL.

*DAW'R GOLAU YN ÔL YN ARAF. **RUTH** YN DOD I'R GOLWG, YN FEDDYLGAR IAWN. MAE GANDDI DÂP CAMCORDER YN EI LLAW. MAE HI'N DAL YN EI GWISG ANGLADDOL (FEL BYDD Y GWEDDILL). DAW **BAZ** A **SEI** I'R LLWYFAN. ENNYD O LONYDDWCH.*

BAZ: John a Jane. Fucking hell! Who'd 'ave thought it, fis yn ôl?

PROFF *A* ***TAMMY****'N DOD I'R LLWYFAN.* ***TAMMY*** *YN DDAGREUOL TU HWNT; YN AMLWG, CAFODD GYNHEBRWNG 'DA'.* ***PROFF*** *YN EI CHYSURO.*

PROFF: Paid ag ypsetio gormod. Mi ddaw i ni i gyd. 'Ni wyddom y dydd na'r awr'.

BAZ: (DAN EI WYNT) Tosser!

SEI: Be' ddigwyddodd i dy Dduw di, Tammy?

TAMMY: Mae e'n Dduw i bawb!

SEI: (YN CHWERW) Be' ddigwyddodd iddo fo, ofynnis i! Byth yna pan 'dach chi wirioneddol 'i angen o.

BAZ: Typical! (MAE'N MEDDWL AM Y PETH; GWYLLTIO O'R NEWYDD) Fucking typical! 'Ti'n talu dy subs, dy ddwybunt yr wthnos, faint bynnag yw e - ond wed'nny, pan ddaw'r storom fawr, pan ma' twll massive yn y to, a'r glaw yn dymchwel ar y duvet gore – 'chi'n gwbod, y duvet neis 'na roddodd Anti Lisa yn bresent i chi pan o'ch symud bant o gytre tro cinta? – in your hour of need, 'chi'n ffono lan ac yn gofyn am home assistance, a beth 'chi'n ga'l? 'Three storey house, is it? Sorry butt, my ladder's not tall enough!' Wel, 'na beth yw crap God os 'chi'n gofyn i fi!

TAMMY *YN CAEL PWL DAGREUOL O'R NEWYDD.* ***LEWIS*** *YN DOD I'R LLWYFAN.*

LEWIS: (YN DDIGON SIONC, WIR) Paid becso, Tammy! Ma'n nhw'n well 'u lle.

RUTH: 'Cege nhw wedi 'cied am byth, Lewis...?

LEWIS: Beth 'ti'n feddwl, yr ast cynical? (MAE'N RHYTHU AR Y TÂP FIDIO) Beth yw hwnna s'da ti?

TAMMY YN CAEL PWL (DRWG) ARALL.

BAZ: Fucking Nora! 'Ti ddim yn meddwl bo ti wedi 'neud digon o idiot o dy hunan am un dwarnod?

SEI: Ydi dy grefydd di'n caniatáu i ti fynd O.T.T.?

TAMMY: Nage mynd O.T.T. yw galaru, Sei!

BAZ: Galaru? Sgrechen canu ar dop dy lais fel Pavarotti! 'Candle in the Wind'? 'In the Arse' more like!

PROFF: Gad lonydd iddi, Baz!

TAMMY: O'dd e'n rwbeth naturiol i fi! 'Ffaelu help!

BAZ: Wel, 'dyw e ddim yn naturiol i fi, reit!. Na neb arall 'waith, beta'i di. In real life, cariad – neu real death ddylen i 'weud falle – ma' pawb **normal** moyn bod yn rwle arall, 'dyn nhw? Yn y dafarn; ca'l cachad; cyfri'r sêr – unrhyw soddin' peth rhag ca'l dy atgoffa fod e'n mynd i ddigwydd i ti rywbryd yn y dyfodol!

PROFF: Ma' pawb yn ymdopi'n wahanol.

SEI: Ma' hynny'n wir, Baz. Sori!

BAZ: Stico 'da'ch gilydd pan ma'r tsips i lawr, ife? Gogs!

SEI: Ydach chi'n gwbod be' wnes i pan farwodd mam?

RUTH: 'Ti'n mynd i 'weud 'tho ni, obviously.

SEI: Gneud paned o de i mi fy hun, wedyn ffonio ambiwlans.

RUTH: 'Neud dishgled, a dy fam wedi **marw?**

SEI: Mi gafodd 'i phigo yn 'i thafod gin wenyn; mi chwyddodd fel balwn a'i mygu hi.

LEWIS: Y gwenyn?

SEI: 'I thafod hi!

BAZ: 'Sdim rhyfedd bo ti'n warped.

SEI: Dydw i ddim! (MAE'N GWENU BRAIDD YN WIRION) 'Damaged' ydw'i.

LEWIS: Beth yw hwnna s'da ti'n ma'na?

SEF Y TÂP FIDIO. DYNA'R OLL FU ***LEWIS*** *YN FEDDWL AMDANO ERS IDDO SYLWI ARNO.*

RUTH: O'dd e yn y bocs effeithie personol roddodd yr heddlu i fi.

LEWIS: Beth sy' arno fe 'te?

TAMMY: Beth o'dd 'da'r heddlu i weud?

PROFF: Oedd o'n sydyn?

BAZ: Please God, make it fast..!

PROFF: Oedd o?

RUTH: John farwodd ginta. O'dd Jane 'na 'fyd. Ond John o'dd y cinta. Jane rai orie'n ddiweddarach. Nagodd yr un o nhw'n gwisgo gwregys – ond – pan sgrialodd y car miwn i'r goeden, dim ond John a'th mas trwy'r windscreen. Mae'n debyg fod Jane a'i phen i lawr ar y pryd, 'na beth achubodd hi. Wel, r'oi cwpwl o orie ecstra iddi ta beth.

TAMMY: Losin wedi cwmpo ar y llawr, siŵr o fod. 'Ddigwyddodd hwnna i fi.

RUTH: Nage losin. (OEDI; CASGLU'R SYLW I GYD CYN CARIO MLAEN) Geswch chi byth beth ffindon nhw yn 'i cheg hi?

PAWB *YN DYFALU AM ENNYD. YNA* ***PAWB*** *YN ARAF SYLWEDDOLI.* ***BAZ, PROFF*** *A* ***SEI*** *(OND NID* ***LEWIS****) YN CUDDIO EU CEILLIAU Â'U DWYLO A THYNNU WYNEBAU POENUS.*

TAMMY: Ma'r peth 'ti newydd 'weud yn gwbl disgusting.

RUTH: Dwarnod hapusa dy fywyd ti! Ac 'wy'n siwr fod John yn hapus iawn nes fwrodd e'r goeden 'na. Neu jyst cyn 'ddo fe fynd trwy'r windscreen falle. Pinacl hapusrwydd i ddynon, medde nhw! 'Ffaelu weld e'n hunan, ond 'na fe…

LEWIS: (WRTHO'I HUN) Syrfo'r basdyd yn reit.

PAWB *YN SBIO ARNO FO.*

LEWIS: Syrfo'r basdyd roddodd fincid y car iddyn nhw yn y lle cinta! Gobitho gaiff e'i ddala a'i ddedfrydu i bum mlynedd o garchar!

PAWB *YN DAL I SBIO.*

PROFF: Dy gar **di** oedd o, Lewis.

LEWIS: (WEDI ENNYD O GYSIDRO) Reit-o. Syrfo'r basdyd werthodd y car i **fi** yn y lle cinta te! Gobitho gaiff e'i ddala a'i ddefrydu i ddeng mlynedd o garchar! Na, 'newch hwnna'n bymtheg.

PROFF: Ddim dy....**dad** roddodd y car i ti, yn anrheg pen-blwydd yn ugian oed?

LEWIS: Ie, ie, reit-o! Fair cop. Syrfo'r basdyd werthodd y car i **dad** yn y lle cinta 'wy'n feddwl. Gobitho gaiff e'i ddala a'i ddedfrydu i garchar am o's!

BAZ: Fucking death trap!

LEWIS: Beth...?

BAZ: Y car 'na! Dy gar di.

LEWIS: Cer i grafu! O'dd hwnna'n gar teidi. Sound! O'dd e'n gar da i 'nhad; o'dd e'n gar da i fi 'ed. A bydde fe wedi bod yn gar teidi i'n fab i 'fyd, 'se'r brêcs heb gonco mas ar y blincin gornel 'na!

PROFF: Dyna ddigwyddodd?

PAWB *YN EDRYCH O UN I'R LLALL.*

PROFF: Brêcs y car ddaru fethu? Dyna ddigwyddodd? Ydan ni'n gwybod hynny?

TAMMY: 'Na wedodd y polis, siŵr o fod.

RUTH: Nage! Crist, 'ti'n fo'lon credu unrhyw beth nagit ti! 'Gymerith e wthnose iddyn nhw sorto fe mas; fydd dim canlyniad nes bo'r cwest yn cael 'i gynnal.

SEI: Pam y brêcs, Lewis?

LEWIS: Mwy na thebyg! Chances are! In all probability! 'Na beth sy'n digwydd!

BAZ: Beth am goeden yn cwmpo ar y bonnet?

LEWIS: Na! Nage coeden fwrodd miwn 'ddo fe; fe fwrodd miwn i goeden! Shgwlwch, o'dd bygyr ôl yn bod ar y brêcs, reit? Checes i'r brêcs, ac o'dd popeth yn ffein; yn hyncidori!

TAMMY: 'Na beth o't ti'n 'neud ar dy gefen o dan y car, tu fas i'r gwesty? Nagot ti ofan meso lan dy D.J.?

LEWIS: Pryd?

TAMMY: Yn ystod y reception. O'dd Proff a fi wedi mynd mas i ga'l dam bach o awyr iach. O'n i'n……dost. Nagon i, Proff?

PROFF: Yn sâl. Angen meddyginiaeth.

__TAMMY__ A __PROFF__ YN GWENU YN SANCTAIDD AR EI GILYDD. CEDWIR YR OSGO YMA YN YSTOD YR ISOD. __PAWB__ ARALL YN 'RHEWI' HEFYD.

TAMMY: (LLAIS) Gloi! Ma' lle man hyn!

PROFF: (LLAIS) O, Tammy!

TAMMY: (LLAIS) O, Proff!

TAMMY/PROFF: (LLEISIAU) Oooo!!!!

SYNAU ANIFEILAIDD AC OCHNEIDIO.

TAMMY: (LLAIS) Der mlân te, Gandhi! Hwp e miwn!

PROFF (LLAIS) YN CHWERTHIN YN WIRION.

TAMMY: (LLAIS) Gandhi! My fucking arse!

PROFF: (LLAIS) YN CHWERTHIN YN HISTERAIDD.

TAMMY: Nage! 'Wy'n siriys! My fucking arse; stic e miwn!

PROFF: (LLAIS) Wwww!!!!!! (A CHANU YN LLAWEN) 'I'm in heaven…!'

TAMMY: (LLAIS) Www!! 'Fi 'fyd!

Y CRIW YN 'DADREWI'.

PROFF: Teimlo'n well ar ôl i ti ddwad yn ôl i mewn, 'doeddat Tam?

BAZ: 'Na pryd welsoch chi Lewis o dan y car, ife?

LEWIS: Ddim fi frawd!

TAMMY: Fe o'dd e. Ti o'dd e, Lewis.

PROFF: Bendant.

***LEWIS** YN PWYNTIO BYS CYHUDDGAR/BYGYTHIOL IAWN I GYFEIRIAD **PROFF**.*

LEWIS: 'Sen i'n Pontius Peilat gw'boi, 'wy'n gwbod pwy fydden i'n 'i ryddhau!

BAZ/SEI: (GET HER!) Www!

RUTH: Falle bod yr ateb ar hwn. (Y TÂP FIDIO)

LEWIS: (TROI'R STORI) Ie, 'itha reit! 'Itha reit, 'wy'n cofio nawr! Fi o'dd e! I was that man! Do, do, do etho'i mas i checo'r brêcs. Y car! Checo'r car i gyd: the car; the whole car, and nothing but the car so help me God!

BAZ: Yn ystod y briodas? Pam, Lewis!

RUTH: Falle....

LEWIS: Ie..?

RUTH: Fod yr ateb ar hwn. (Y TAP FIDIO)

LEWIS: Der â hwnna i fi.

RUTH YN CHWERTHIN.

LEWIS: Der â'r ffycin tâp 'na i fi!

*LEWIS YN RHUTHRO AT **RUTH**; **RUTH** YN TAFLU'R TÂP AT **BAZ**.*

BAZ: Hold on nawr, Lewis. 'Ni gyd moyn 'i weld e, nagyn ni.

TAMMY: Ddim os yw e'n breifat!

SEI: Ydan!

PROFF: Ma' Tammy'n iawn. Os ydi'o yn breifat...

RUTH: Preifat? Ym mha ffordd? Preifat i bwy!

LEWIS: Rho fe i fi, Baz!

BAZ: Nuh! (OND MAE **LEWIS** YN EDRYCH YN FYGYTHIOL IAWN) 'Ti'n mynd i gymeryd e oddi yrno'i, wyt ti? 'You man enough, cariad?

LEWIS: Stopa 'ngalw i'n hynna!

BAZ: Wyt ti ddo; 'na'r thing.

LEWIS: Beth!

BAZ: Yn ddigon o ddyn......neu yn 'all man'? (GAN GODI AEL AWGRYMOG RHYWIOL)

***LEWIS** YN CYMERYD CAM BYGYTHIOL TUAG ATO.*

BAZ: Cofia bo 'da fi second in command! (SEF **SEI**) Cofia.....bo fe'n 'damaged'.

***SEI** YN GWENU YN WIRION.*

BAZ: Paid, y diawl twp! 'Ti'n hala'r creeps yrno'i!

***SEI** YN CHWERTHIN YN WIRION.*

BAZ: So! Tâp fidio; ffilm falle. Footage o fath, siŵr o fod. Ond **beth** yw e!

***LEWIS** YN MYND YN FREUDDWYDIOL DDRYSLYD.*

LEWIS: Ffilm...? 'Na'r sŵn o'dd yn 'y mhen i...

***BAZ** YN EDRYCH AR Y TÂP. DAW 'BACK-PROJECTION' YMLAEN. MAENT OLL YN GWYLIO TRWY EDRYCH TUAG ALLAN. CEDWIR AT Y CONFENSIWN YMA DRWYDDI DRAW.*

MAE'R FFILM – AR CAMCORDER – YN MABWYSIADU DULL AC ANSAWDD 'THE BLAIR WITCH PROJECT': LLED-OLAU; CYSGODION, A.Y.Y.B. UN GWAHANIAETH YDI FOD Y LLUN YN SEFYDLOG (GAN FOD Y CAMERA WEDI EI GLOI). NID OES

MODD ADNABOD NEB O RAN EU GWELD, FELLY MAE'R LLEISIAU/SYNAU YN HOLL BWYSIG.

YSTAFELL, GYDAG AMLINELLIAD O WELY DWBL A WARDROB. SŴN TRAED AR RISIAU, YNA'N NESÁU. DRWS YN AGOR A DAU BERSON YN DOD I MEWN.

JANE: (LLAIS) Dere miwn, big boy!

LEWIS: (LLAIS) Dim gair wrth John, cofia! 'Ti'n addo?

JANE: (LLAIS) Cia dy ben! Gerr 'em off!

LEWIS: (LLAIS) O, Jane!

JANE: (LLAIS) O..! Ooooo!!!!!

LEWIS: (LLAIS) O, bois bach!

JANE: (LLAIS) Omaigod!

Â'R TUCHAN A'R OCHNEIDIO, Y SYNAU ANIFEILAIDD A'R YMRAFAEL BRWD YN EI FLAEN – TRA ERYS Y CRIW SY'N GWYLIO WEDI EU FFERRU I'R FAN.

TAMMY: (YN 'DDINIWED' I GYD) Beth ma'n nhw'n 'neud, Proff?

PROFF: (DITTO DINIWED) Dim syniad.

BAZ: Hei, there it goes! 'I din e; lan a lawr fel piston, fel wedodd John!

LEWIS: Pwy yw e 'te? 'Ych chi'n 'i nabod e?

*ANGRHEDINIAETH LLWYR AR WYNEB **PAWB**.*

LEWIS: All fod yn unrhyw un 'chan! O'dd hi'n 'itha chummy 'da'r Bosnian 'na sy'n hel gwydre yn y Golden Goose!

LEWIS: (LLAIS AR Y FFILM)
'Roll along Aman United.......roll along! To the top of the.......O, uffach gols! Ma' Santa'n dod lawr y simdde! Yr Aman yw y gore......!'

***RUTH** A **TAMMY** (YN ANYMWYBODOL) YN YMUNO YN Y GAN:*

LEWIS(LLAIS)/**RUTH**/**TAMMY**: 'Y gore! Y gooooooooooooore!!!!!!!

*JANE YN GWNEUD SYNAU TEBYG. **LEWIS** A JANE (AR Y FFILM) YN DISGYN AR Y GWELY YN UN SWP. **BAZ** A **SEI** YN CURO DWYLO. AR Y FFILM, SŴN TRAED AR RISIAU, YNA'N NESÁU.*

LEWIS: (LLAIS) Ma' rhywun yn dod! Beth 'newn ni!

JANE: (LLAIS) Wardrob! Gloi! Af i dan y gwely!

HYN I GYD YN DIGWYDD. DRWS YN AGOR, DAU FFIGWR YN DOD I MEWN.

JOHN: (LLAIS) Tits, o-ce? 'Na beth 'wy moyn ginta!

TAMMY: (LLAIS) 'Ti'n siwr nagyw hyn yn bechod?

JOHN: (LLAIS) Nagyw! Mae e'n gweud yn y Beibl!

TAMMY: (LLAIS) 'Le mae e'n gweud?

JOHN: (LLAIS) R'wng y Salmau a'r Disgyblion: o'n nhw'n cnacho fel carlymod!

TAMMY: Sori, Proff!

PROFF: Mi wyt ti wedi mynd yn rhy bell, tro 'ma. Stopiwch y ffilm!

BAZ: No way, butt!

TAMMY: Proff, fi'n sori! O, Hollalluog Dduw a thrugarocaf Dad, maddau i ni ein pechodau…!

BAZ: 'Ni'?

TAMMY: Gad im orffwys fy mhen ar dy fynwes annwyl am byth, fy Ngwaredwr mawr!

BAZ: Ond plis ga'i shago'n hunan yn sili, in the meantime!

SEI: Amen!

*YN YSTOD YR UCHOD, **JOHN** A **TAMMY** AR Y FFILM YN MYND AMDANI GO IAWN, A CHYRRAEDD UCHAFBWYNT. SŴN TRAED AR RISIAU, YNA'N NESÁU.*

RUTH: (SYLWEDDOLI) Mae rhywun yn dod!

BAZ/SEI: O, fuck!

JOHN: (LLAIS) O fuck, ma' rhywun yn dod!

***BAZ** A **SEI** YN SGRECHIAN A CHURO DWYLO.*

TAMMY: (LLAIS) Mae e **yn** bechod! A nawr 'ni wedi ca'l y'n dala!

JOHN: (LLAIS) Cer dan y gwely, gloi! Af i miwn i'r wardrob!

HYN YN DIGWYDD AR Y FFILM. YNA CNOC AR Y DRWS.

PROFF: (LLAIS AR Y FFILM) Helo? Jane, helo! Jane, mae'r neidr yn barod i fynd i'w chwt! Jane…?

***BAZ, SEI** A **RUTH** YN EDRYCH AR **PROFF** MEWN ANGRHEDINIAETH. **TAMMY** WEDI EI DRYLLIO. SŴN TRAED (AR Y FFILM) YN GADAEL, A PHELLHAU.*

PROFF: Galw i ddweud nos da oeddwn i, Tammy!

TAMMY: Y neidr yn barod i fynd i'w **chwt!!!!???**

PROFF: Ymadrodd! Dyna fydda mam yn ddweud pan oeddwn i'n blentyn! Peidiwch â sbio arna i fel'na, bawb!

TAMMY: 'Na beth o't ti'n arfer 'weud 'tho **i**, Proff. Cofio?

HYN YN NEWYDD ANNISGWYL I BAWB ARALL.

TAMMY: Neu falle bo ti'n mynd i wadu'n perthynas ni, 'fyd?

BAZ: Wel, wel, wel! Beth yw hyn? Gandhi'n ffaelu r'eoli'r bwystfil?

PROFF: Nid y fi ydi'r unig un! Be' amdanat **ti!!** (SEF **TAMMY**) A **fo!!** (SEF **LEWIS**) Fo ddechreuodd!

*Y 'SYLW' I GYD YN MYND I GYFEIRIAD **LEWIS**.*

BAZ: Fucking good point.

PROFF: Y fo sy'n gyfrifol am bron i bob anffawd sydd wedi digwydd yn y tŷ 'ma!

LEWIS: Beth wedest ti.....y shit bach!

ARHOSODD Y LLUN AR Y SGRIN YN LLONYDD. OND ERS RHAI EILIADAU, DAW'R CRIW YN YMWYBODOL O SYNAU (CYNYDDOL) YN DOD O DAN Y GWELY (AR Y FFILM).

SEI: Shwsh, bawb!

***PAWB** YN GWRANDO. Y SYNAU (JANE/**TAMMY**) YN CYNYDDU, AC YN MYND YN FWY AWGRYMOG WRTH YR EILIAD. MAE CWPAN **BAZ** (AC WEDYN **SEI**) YN GORLIFO.*

BAZ: Mae e'n wir! O, lawenydd! Nice one, Tamsi!

SEI: Hwrê! Hwrê!

BAZ: Pwy sy'n 'neud beth i bwy? Gwed! Plîs, gwed!

SEI: Ai dyma'r tro cynta i chi fod wrthi?

TAMMY: 'Whare y'n ni! 'Whare tŷ dol!

SEI: Chwara! Glywist ti, Baz?

***BAZ** A **SEI** YN GLAFOERIO, WRTH I'R DDWY DAN Y GWELY GYRRAEDD UCHAFBWYNT.*

BAZ: A! There's lovely!

RUTH: Os o'dd hwnna'n digwydd dan y gwely....... beth tybed o'dd yn mynd mlân tu miwn i'r wardrob?

*Y SYLW I GYD YN MYND I GYFEIRIAD **LEWIS** HEB OS. AM ENNYD, MAE WEDI EI FFERRU I'R FAN.*

LEWIS: Na! Ddim byth! Nagyw pwffyrama wedi ca'l i infento o le 'wy'n dod o!

TAMMY: Be' gath e, Lewis: rear access?

*Â'R SYLW I GYFEIRIAD **TAMMY**.*

TAMMY: 'Sdim lot o le miwn wardrob! Nagos e, Proff?

Â'R SYLW I GYFEIRIAD ***PROFF****.*

RUTH: Lewis?

Â'R SYLW I GYFEIRIAD ***LEWIS*** *ETO.*

LEWIS: Grindwch yrno'i; plîs grindwch. Beth bynnag a'th mlân yn y wardrob 'na – a nag wy'n cyfadde i ddim! - nid pwffyrama o'dd e, 'chi'n clywed? Cosb, 'na beth o'dd e! Ffurf ar.....goten, os mynnwch chi. Cosb John.......achos bo fi 'di shelffo Jane. 'Na fe, 'na fi wedi weud e.

TAMMY: Ti yw tad y babi? Beth licet ti, merch neu fachgen?

LEWIS: O, 'wy'n gweld! A ma' Jane yn mynd i eni plentyn o tu hwnt i'r bedd odi ddi?

TAMMY: Mewn byd perffeth, fi'n meddwl! Tase Jane wedi byw!

LEWIS: Miwn byd perffeth Tammy, fydde rhywun fel ti ddim yn bod.

RUTH: Nagit ti wedi ateb y cwestiwn.

LEWIS: Sdim ots! Jyst grindwch yrno'i! Cosb John....o'dd beth ddigwyddodd yn y wardrob. Nawr, gwedwch bo ni yn y dafarn, bydde fe wedi smasho glas peint i'n wyneb i, 'yn bydde fe. Neu yn y twmpath – ie, o-reit, glas peint 'to, neu cader. Gwedwch bo ni yn y cwrdd, reit ar ddechre'r gwasaneth: 'mawl a'th erys di yn Seion, o Dduw...'

TAMMY *YN YMUNO YN REDDFOL:*

LEWIS/TAMMY: 'Ac i ti y telir yr adduned. Ti yr hwn a wrandewi, atat ti y daw pob cnawd'.

LEWIS: Nawrte, mwy na thebyg y bydde fe wedi troi rownd a rhoi hen edrychiad cas i fi, ar y mwya' r'oi cic i fi yn 'y mhigwrn – ond miwn wardrob? Beth all dyn 'neud?

TAMMY: 'Na pam ofynes i am rear access, gynne fach.

LEWIS: 'Nath e ddim enjoio! O, na! 'It's business' fel wedodd Michael Corleoni yn Godfather I. Bois, 'na'i gyd o'dd e. Ar fedd 'yn fam!

RUTH: Bydd hi'n **troi** yn 'i bedd pan glywith hi am hyn.

LEWIS: Gwed ti wrth unrhyw un…ac mi ladda'i di! Mi ladda'i bob un o chi!

PROFF: Fel lladdist ti John a Jane, Lewis, trwy ymyrryd efo brêcs y car?

LEWIS: **Checo'r** brecs o'n i! Damwen o'dd beth ddigwyddodd i John a Jane!

LEWIS YN EDRYCH O UN I'R LLALL. TYBED YDYN NHW'N EI GREDU?

LEWIS: Clywch! O'n i yn y dafarn, ar 'y nhrydedd mics, fel 'y nhad a 'nhadcu o mlân i, ac yn trafod â'n hunan p'un ai i byrnu un bach arall neu mynd sha thre. Un bach arall, ife, i ddiawl â hi! Unweth sy 'da chi 'ma; nage practis yw e; pan 'chi wedi bod yn gorff am bum can mlynedd, 'fydd e'n twmlo jyst fel ddo'. 'Na fe, hen fwganod itha normal os 'chi'n dod o'r Aman Valley, fel fi. Ta beth, 'na le'r o'wn i, wrth y bar; wrth y bar yn syllu ar ben ôl Sonia – eto, rhwbeth sy'n gwbl naturiol i ni, fois yr Aman – pan gerddodd Jane miwn. Jane – heb John. Heb John! Jiawch eriod, mynte fi streit awei, 'na beth od! Jane, heb John; Jane heb John? Rhyfedd! Anarferol! Ac ar ben popeth o'dd hi'n llefen; o'dd hi'n ypset; o'dd rhyw gont wedi twgyd y grefi, yn reit i wala! Miwn gair, o'dd y fenyw moyn siarad, 'da person call a chyfrifol; o'dd hi'n whilo am glust, ac nid clust fyddar 'waith! Gyfeillion, o'dd hi'n game, set and match; 'wy wedi cael magwreth deidi; 'wy wedi bod yn yr ysgol Sul; 'wy'n gwbod siwd ma' trin men'wod. (MAE'N OEDI) Peth nesa 'wy'n gofio yw Jane yn eistedd ar 'yn gôl i, yn bownso lan a lawr, a'r ddou o ni'n canu 'We're all going to Blackpool! We're all going to Blackpool!' nerth esgyrn y'n penne! (MAE'N OEDI) Gefen y car wed'ny, y car laddodd hi yn y pen draw – 'eironi' y'ch chi townies yn galw hwnna? Ta p'un, 'na pryd ddath e mas; ar ôl i fi fwrw'n had ys gwedon nhw: 'na pryd wedodd hi pwy o'dd wedi torri'i chalon hi'n glatsh.

RUTH/TAMMY/SEI/PROFF: (OND NID **BAZ**) John?

__LEWIS__ YN OEDI'N DDRAMATIG. YN ARAF, MAE'N TROI I EDRYCH AR __BAZ__. __PAWB__ YN TROI I EDRYCH AR __BAZ__.

BAZ: Ffaelu help, I know! 'Chi'n ffaelu pido steran! Fi'n irresistible! Fi'n gwbod!

PAWB YN DAL I RYTHU. **BAZ** YN DIFRIFOLI.

BAZ: O-cei, o-cei! Fi wedi shago Jane; so **what!**

TAMMY: Ti yw tad y babi?

BAZ: (YN GWBL O DDIFRI) Tammy, pan fi'n shago, fi'n iwso condom. O'en **i'n** grindo yn y wers beioleg!

OND __PAWB__ YN DAL I DDISGWYL EGLURHAD.

BAZ: Dim fi yw'r villain, no way! Ddigwyddodd exactly yr un peth i fi â ddigwyddodd iddo fe! (SEF **LEWIS**) O'n i yn y dafarn; ddath hi miwn yn ypset. Dechreuon ni yfed; a'th yn gachu hwch a bod yn onest, yn tequila slammers wrth y dwsen; o'dd hi'n cwcan 'na bois bach! Peth nesa fi'n gofio yw llaw ar 'yn crotch i, a bachan yn y drws yn bloeddio 'taxi for Barry!'. Wel – fucking hell – beth odw'i: twelve stone ten of throbbing normality, neu two fluid ounces of puff pastry? Ond hi o'dd e, ddim fi. **Hi** ddath mlân i **fi!**

GOLAU YN NEWID. ***BAZ*** *A* ***SEI*** *EFO'I GILYDD. Y GWEDDILL AR YR YMYLON, YN LLONYDD.*

BAZ: Canpunt.

SEI: Fedra'i ddim fforddio colli canpunt. Nid bo fi'n mynd i golli! Dim ots am y pres. Jyst bet.

BAZ: Dim arian; dim bet.

SEI: Wyt ti ofn gneud; ofn trio?

BAZ: Beth…? Na….(ENNYD O ANSICRWYDD) Nagw!

SEI: Ofn methu; defnyddio'r fet fel esgus. Swm afresymol, gwybod byddwn i'n dweud 'na'. Ofn iddi **hi**..!….ddeud 'na'.

BAZ: Bollocks!

SEI: Betia'i di……fil o bunna….y medra i gael Sonia i'r gwely cyn deg o'r gloch heno.

BAZ: Mil! 'Ti'n jocan…?

SEI: Siŵr iawn. Fedri di ddim fforddio mil; fedra i ddim fforddio cant.

BAZ: Academic. Ma' Sonia'n shago i Gymru, lovely boy! Beth fuck fydde hi moyn 'da scrotum-faced, North Walian tosspot fel ti?

SEI: Hwyrach 'mod i yn bob dim wyt ti'n ddeud. Ond ma'r un peth yn wir am Jane, yn dy achos **di.** Os na wnei di brofi'n wahanol wrth gwrs.

BAZ *YN SYLLU'N HIR ARNO.*

BAZ: Pam, Sei? Pam 'ti'n 'i 'neud e? Beth sy' rili'n mynd mlân yn dy ben di?

SEI *YN GWENU YN WIRION.*

GOLAU YN NEWID I FEL AG YR OEDD O.

BAZ: Fi yw'r victim, nage Jane.

SEI *YN GWYBOD YN WAHANOL, OND* ***PAWB*** *ARALL YN DYFALU.* ***SEI*** *YN GWENU YN SMYG.*

BAZ: (BYGYTHIOL) Beth....!?

SEI: Dim! Gwenu; hapus!

RUTH: Gwarchod cyfrinach falle?

GOLAU YN NEWID. ***SEI*** *A* ***PROFF*** *GYDA'I GILYDD.*

PROFF: Amhosib. Ma' Jane o deulu da. Dydi ddim y math yna o ferch. Ma'i thad hi'n weinidog batus, a'i mam hi'n perthyn i'r 'Inner Wheel'.

SEI: Fel dy fam di?

PROFF: Be' sy' 'nelo mam â hyn?

SEI: Mi wyt ti am i bob merch fod fel dy fam: yn bur a glân; yn sexless.

PROFF: Sud hynny? Mi gafodd hi fi, 'n do?

SEI: Oes yn ôl, pan oedd y byd yn hawdd. Ma' hi'n sexless erbyn hyn. Dyna pam 'ti'n gymaint o ffrindia' efo Tammy.

PROFF YN GWENU IDDO'I HUN.

SEI: Wel?

PROFF: Pam wyt ti'n ewyllysio i bob merch fod yn weithredol rywiol?

SEI: 'Ffwcio' 'ti'n feddwl? Achos 'u bod nhw. Pob merch. Neu fysa ni'n dau ddim yma.

PROFF: Mi fedra'i dy sicrhau di na fuodd Modryb Bessie, Chwilog, 'rioed ar gyfyl dyn, heb sôn am wahodd unrhyw neidr i'w chwt.

SEI: Be' ddeudist ti?

PROFF: (COFIO'N SYNFYFYRIOL) Ymadrodd. Dyna fydda mam yn ddeud.

SEI: (COFIO'N DRIST) 'Ffwcio' fydda mam yn ddeud.

Y DDAU YN DAL LLYGAID EI GILYDD. ENNYD O 'DDEALLTWRIAETH'.

SEI: (TORRI'R ENNYD) Betia'i di ddegpunt…!….y medra Jane fod yn anffyddlon – yn y lle iawn, ar yr adeg iawn.

PROFF: (BRAIDD YN ANGRHEDINIOL) Efo chdi?

SEI: O na. Sbio fydda i.

GOLAU YN NEWID I ***RUTH*** *A* ***SEI****.* ***PAWB*** *ARALL AR YR YMYLON, AC YN LLONYDD.*

SEI: Paid â deud.

RUTH: Wyt ti'n cyfadde?

SEI: Glanhau'r ffenestri oeddwn i.

RUTH: Am ddeg o'r gloch y nos – gan wybod fod rhywun yn y bathrwm?

SEI: Wyddwn i mo hynny i gychwyn.

RUTH: O'dd gole mlan! (OEDI) Cannwyll Jo Malone: Mimosa and Tuberose.

SEI: Ogla da!

RUTH: Ti yn cyfadde te!

SEI: Glanhau'r ffenestri oeddwn i.

RUTH: Weles i dy lyged ti yn y crac, Sei! Paid 'whare 'da fi.

SEI: Baz! Pêl griced! Cofio!

RUTH: **Wyt** ti'n cyfadde?

ERYS ***SEI*** *YN FUD.*

RUTH: Reit-o, os nagit ti'n cyfadde.....'wy'n mynd i 'weud.

SEI: (HERIOL) Hy! Wrth bwy! Deud **be'!**

RUTH: Baz?

SEI: (POENI AM HYN) Baz?

RUTH: Fyddet ti ddim moyn iddo fe o bawb ddod i wybod, 'wy'n siwr. (OEDI) Miwn cariad 'dag e, nagit ti? Hei, falle ma' dyna ddylen i 'weud!

SEI: Wrth bwy? Dydw i ddim yn 'i garu fo!

RUTH: 'Ti'n 'i edmygu fe, Sei; 'i eilunaddoli fe hyd yn oed.

SEI: Wrth bwy fysat ti'n deud?

RUTH: Pawb.

SEI: Pawb; pawb yn y tŷ; y stryd; y ddinas; y wlad; y byd; y bydysawd, pan ddôn nhw o hyd i bobl yn fa'no.

RUTH: Jyst Baz falle.

SEI: Dwi'n cyfadda'! Fi oedd o!

RUTH: 'Wy'n gwbod 'nny! O'n i moyn dy glywed ti'n 'i 'weud e, 'na'i gyd!

SEI: Dim byd arall?

RUTH: (WEDI ENNYD O GYSIDRO) 'Wy moyn benthyg y camcorder.

SEI: (HIRAETHUS) Dyna ges i'n anrheg gin Matron pan adewis i'r cartra.

RUTH: 'Wy moyn 'i fenthyg e.

SEI: Dyna sud wyt ti'n bwriadu 'i ddwyn o oddi arni?

***RUTH** YN SYLLU; GADAEL IDDO GARIO YN EI FLAEN.*

SEI: John. Dangos Jane efo Lewis, Baz a Proff?

RUTH: Ddim ti, Sei?

SEI: O na. Sbio fydda i.

RUTH: (MEDDYLGAR) Proff 'fyd? 'Wy'n synnu. Nagon i'n meddwl fod e'r teip. Rhaid bod rhyw newid mawr wedi digwydd yn 'i fywyd e.

*Y GOLAU YN NEWID. **PROFF A TAMMY** GYDA'I GILYDD, Y GWEDDILL AR YR YMYLON, YN LLONYDD. **PROFF** YN YPSET; **TAMMY** YN DDIGYFADDAWD.*

PROFF: Ond....pam! Dwi ddim yn dallt!

TAMMY: 'Ti'n boring.

PROFF: Ydw'i...?

TAMMY: 'Ti'n fucking boring, Proff! Sori, ond mae e'n wir. Nagw, fi ddim yn sori, it has to be said. Even pan 'ni'n shago, 'ti'n boring.

PROFF: Dwyt ti rioed wedi cwyno o'r blaen! Mi wyt ti wedi cael dy blesio bob tro!

TAMMY: Faking it. O'n i wastod yn gorffod dybl-checo os o't ti miwn.

PROFF: Ia.....wel.....iawn....ond be' am yr ochr arall: y cyfarfodydd ar lan y Taf; y sgyrsia'! Mi oedd y drafodaeth gafon ni ar Jeremeia a'r Rechabiaid yn hynod oleuedig os cofia'i yn iawn. 'Yna cymerais Jaasaneia, mab Jeremeia...'

TAMMY YN YMUNO'N REDDFOL:

TAMMY/ PROFF: '.....fab Habasineia, a'i frodyr, a'i holl feibion, a holl deulu'r Rebachiaid..'

PROFF: Mi oedd hwnna'n ddifyr, gobeithio?

TAMMY: Ie, o-cei, fair point, o'dd hwnna'n gwd ond sori, ma'r bits in-between yn crap; jyst ddim yn ado lan.

PROFF: (MAE O OFN GOFYN) Oes 'na......rhywun arall?

TAMMY: I wish!

PROFF: Oes 'na rhywun arall, Tammy? (ETO, OFN GOFYN) Baz...?

TAMMY: Good-looking bastard! Na.

PROFF: Sei...?

TAMMY: Dam **bach** o credit; plîs?

PROFF: Lewis ta! Wel, dyna fo, tydi Lewis ddim yn ddrwg i gyd; mae o'n ddigon soled. Cydwybodol hefyd! Calon fel jwg; hen werin y graith, ac ati. Heb sôn am ymdeimlad cryf o gymuned!

TAMMY: There you fucking go again! Boring on! Complete turnoff! Mynd mlân a mlân bythdy Lewis, pan 'sda fi ddim one iota o ddiddordeb yn y boi!

***PROFF** YN SYLLU YN HIR ARNI.*

TAMMY: Beth...!

PROFF: Dim ond.....**un** dyn person arall sy'n byw yma, Tammy.

Y GOLAU YN DOD YN ÔL I'R PRESENNOL.

RUTH: Wel – **wyt** ti'n gwarchod cyfrinach, Sei?

SEI: Mi rydan ni gyd. Mi 'dan ni i **gyd** yn gyfrifol! Mi 'dan ni i gyd.....yn euog.

RUTH: A 'chi'n gwbod pam? Achos bo ni gyd yn elynion. Sawl un o chi sy'n cofio mor ddedwydd o'dd hi yrnon ni, cyn i nhw'i dou symud miwn?

TAMMY: O'dd pawb yn ffrindie.

RUTH: Gwmws! Ffrindie, 'na beth o'dden ni. Byw i'n gilydd; dishgwl mas am y'n gilydd.

PROFF: Canu rownd y piano ar noson oer o aeaf!

SEI: Eistedd rownd y bwrdd am bryd o fwyd!

BAZ: 'Whare Scrabble ar y glaw!

TAMMY: Geso i 'microwave' unweth!

***PAWB** YN EDRYCH YN DDRYSLYD.*

TAMMY: Y gair! 'Microwave'. Tri deg saith pwynt!

***PAWB** YN CHWERTHIN; **PAWB** YN ARAF DDIFRIFOLI.*

RUTH: **Nhw**....'nath ni'n elynion.

***PAWB** YN CYSIDRO HYN.*

RUTH: O'n i'n arfer d'uno'n y bore, a meddwl: tybed siwd ma' gweddill y trŵps heddi? Tybed gysgodd Tammy heb gael hunllefe? Tybed yw Lewis moyn help 'da'i draethawd hir; fentra'i weud fod 'i sillafu e'n warthus?

LEWIS: (GWENU WRTH GOFIO) Dwy 'n' yn moliannwn! Ond o'dd dim ots 'da fi bo ti'n gweud 'waith.

RUTH: Am y'n bod ni gyd yn **ffrindie!** Tybed yw Proff a Tammy'n mynd i'r cwrdd heddi? Falle af i 'da nhw!.....er bo fi'n agnostic rhonc. Tybed beth yw hanes Baz a Sei! 'Whare silly buggers yn rhwle, siwr o fod!

PAWB *YN CHWERTHIN;* ***PAWB*** *YN ARAF DDIFRIFOLI.*

RUTH: Ma' hwnna'i gyd o fewn y'n cyrredd ni 'to – os y'n ni rili moyn e.

TAMMY: Fi moyn e!

SEI/PROFF: A fi!

PAWB *(HEBLAW AM* ***BAZ****) YN CHWERTHIN.*

LEWIS: 'Da ti'r holl ffordd, bach.

RUTH: Baz?

Y SYLW Y GYD YN MYND I GYFEIRIAD ***BAZ****.*

BAZ: 'Licen i. 'Na beth fi'n moyn. Ond 'sdim sens yn y peth! Ma' gormod o gwestiyne! (MAE'N OEDI) O't ti'n gwbod? (**RUTH**) O't ti wedi watsio hwn (TÂP CAMCORDER) **cyn** y briodas? Cyn i ti 'roi e i John? (MAE'N OEDI) Pwy setodd y camra lan? Pwy roddodd y switch mlân? (MAE'N OEDI). 'Bwysicach na dim: pwy yw tad y babi?

TAMMY: Vladij?

*Y SYLW YN MYND I **TAMMY**.*

TAMMY: 'Na'i enw fe! Y Bosnian, sy'n hel gwydre yn y Golden Goose.

BAZ: Could be! Falle!

LEWIS: 'Sdim ots! Mae e'n 'neud perffeth synnwyr.....ond i chi beidio meddwl gormod bythdy fe! Wir i ti! Diwedd 'Terminator I'? 'Should I tell you about your father? Boy, that's a tough one! Will it affect your decision to send him here, knowing that he is your father? If you don't send Kylie, you could never be....(ATAL). God, a person could go 'crazy' thinking about this! (OEDI) 'Na beth licet ti, Baz?

***PAWB** YN EDRYCH AR **BAZ**.*

LEWIS: Der mlân, was – 'sneb moyn bod yn wallgo.

***PAWB** YN EDRYCH AR **BAZ**, GAN DDYFALU BETH FYDD EI BENDERFYNIAD. **BAZ** YN PENDRONI'N GALED IAWN YNGLŶN Â'R PETH.*

Â'R GOLAU I LAWR YN ARAF.

DIWEDD.